Himmlische Kuchen

Himmlische Kuchen

Hannah Miles

Fotos von Steve Painter

GERSTENBERG

Für Russ, der in mein Leben trat, als ich dieses Buch schrieb.

Die Originalausgabe erschien 2015 unter dem Titel *Naked Cakes* bei
Ryland Peters & Small
20–21 Jockey's Fields
London WC1R 4BW
und
341 E 116th St
New York NY 10029
www.rylandpeters.com

Aus dem Englischen von
Anne Görblich-Baier

1. Auflage 2016

Redaktion und Satz: Gisela Witt für bookwise GmbH, München

Printed in China

www.gerstenberg-verlag.de
ISBN 978-3-8369-2116-9

Haftungsausschluss

Die Autorin hat nur essbare, ungespritzte Blüten und -blätter zum Dekorieren verwendet. Blumen sollten vor dem Anschneiden des Gebäcks entfernt und nicht gegessen werden. Die Autorin und der Verlag haften nicht für Schäden oder Unverträglichkeit, die durch den Verzehr von Blüten oder Teilen davon verursacht wurden.

Wichtige Hinweise

- Verwenden Sie ausschließlich essbare, ungespritzte Blüten und -blätter als Kuchendekoration. Pollen, die mit Lebensmitteln in Kontakt kommen, können Allergien auslösen. Zum Verzehr eignen sich nur als „essbar" ausgewiesene Blütenblätter. Verzehren Sie Blumenschmuck nur, wenn Sie sicher sind, dass er nicht giftig ist.
- Alle Löffelmaße sind gestrichen, wenn nicht anders angegeben.
- Bei Eiern wird immer von mittlerer Größe ausgegangen. Ältere Menschen, Gebrechliche, Kleinkinder, Schwangere oder Personen mit geschwächtem Immunsystem sollten keine rohen oder nur kurz gekochte Eier essen.
- Verwenden Sie nur die Schale von unbehandelten, vor Gebrauch gründlich gewaschenen Zitrusfrüchten. Gespritzte Früchte sollten vor der Weiterverarbeitung mit heißem Wasser abgebürstet werden.
- Der Backofen sollte jeweils wie im Rezept angegeben vorgeheizt werden. Befolgen Sie bei Verwendung eines Umluftherdes die Temperaturangaben des Herstellers.

Inhalt

Einführung

Torten für Hochzeiten oder Taufen sind traditionell mit dicken Zuckerglasur- und Marzipanschichten überzogen. Geburtstagskuchen versinken oft unter einer üppigen Ganache und Cupcakes unter kalorienreichem Zuckerguss. Solches Dekor überdeckt meist den eigentlichen Reiz des Gebäcks. In letzter Zeit feiern apart mit frischen Blumen und Früchten verzierte Schichttorten ein Comeback und laufen der klassisch weiß glasierten Hochzeitstorte immer mehr den Rang ab.

Die Idee, die sich hinter den Rezepten in diesem Buch verbirgt, ist, Kuchen in ihrer schlichten Natürlichkeit zu belassen. Die Verzierung sollte deshalb so einfach wie möglich sein. Im Vordergrund steht allein der Kuchen und weniger die üppige Zuckerdekoration. Ein wesentliches Element der vorgestellten Kuchen ist, dass die Ränder nicht verdeckt sein dürfen (erlaubt ist allenfalls ein feiner Überzug aus Zuckerglasur, ein Hauch Puderzucker oder eine dünne Schicht Buttercreme, sodass der Boden noch sichtbar bleibt).

Die Dekoration sollte schlicht, aber wirkungsvoll sein. Um das zu erreichen, färbe ich gern die Tortenböden verschieden ein und schneide zum Schluss die gebackenen Ränder weg, sodass der farbige Kuchen selbst zum Blickfang wird. Damit lassen sich tolle Ombré-Effekte erzielen. Oder man bäckt den Kuchen in einer Gugelhupfform und bestäubt ihn mit Puderzucker, um seine Struktur hervorzuheben. Das ist sehr wirkungsvoll und zudem ganz einfach, zumal, wenn man die Mitte noch mit frischen Beeren verziert. Oder man krönt einen Frankfurter Kranz mit einem Kränzchen aus kandierten Blumen. Vielleicht kommen sie sogar aus dem eigenen Garten.

Die meisten Kuchen in diesem Buch sind aus Rührteig und basieren auf einem Grundrezept (siehe Seite 9), das unterschiedlich aromatisiert wird. Einige sind für spezielle Anlässe gedacht und sollen Augen und Gaumen besonders erfreuen.

Im ersten Kapitel Romantik-Look geht es um Kuchen, mit denen Sie der wichtigsten Person im Leben ihre Liebe zeigen können, wie zum Beispiel mit der rosa Pistazientorte (mein Lieblingsrezept) oder mit dem Valentinsherz, einer raffiniert schlichten Hochzeitstorte.

Kuchen für alltäglichere Anlässe stellt das Kapitel Raffinierte Schlichtheit vor – einfache Ideen, wie Clementinenküchlein, Petits Fours oder eine Schoko-Pfefferminz-Rolle, die mit kandierten Minzeblättern verziert wird.

Im Kapitel Klassische Eleganz finden Sie Highlights für jedes Kuchenbuffet, wie zum Beispiel Timbale-Hochzeitstörtchen, kunstvoll auf einer Etagere arrangiert, nur mit Puderzucker bestäubt und mit frischen Blumen geschmückt. Oder warum sollte man sich nicht mal an einen von Pariser Patisserien inspirierten Makronenkuchen wagen?

Das Kapitel Rustikale Kuchen präsentiert eine Charlotte Royal, aus einer Biskuitrolle geformt und mit Erdbeercreme gefüllt. Oder einen Gugelhupf, den nur ein Hauch Glasur oder Puderzucker ziert, um die Backformstruktur hervorzuheben. Alternativ dazu: eine Dekoration aus frischen Beeren, die zum Blickfang der Kaffeetafel wird.

Wenn Sie Ihre Gäste noch stärker beeindrucken möchten, bieten sich die Kuchen aus dem Kapitel Dramatische Effekte an, wie etwa die Grüntee-Eis-Türmchen mit Kirschblüten-Deko oder der Kaffee-Ananas-Kuchen sowie die Schachbrett-Torte. Auch die Minz-Torte mit weißer Schokolade und Ombré-Effekt in Grün ist einen Versuch wert. Das letzte Kapitel dieses Buches offeriert Kuchen für die verschiedenen Jahreszeiten: Zitronen-Lavendel-Törtchen für den Sommer, ein Kürbiskuchen für den Herbst und ein Weihnachtskuchen mit Streuseln für den Winter.

Egal zu welchem Anlass, Ihre Gäste werden von den Rezepten und der natürlichen Dekoration der einfachen Rührteigkuchen sicher begeistert sein.

Tipps und Techniken

DIE TEIGMENGE VARIIEREN

Die Rezepte in diesem Buch reichen im Durchschnitt für 12 bis 14 Portionen. Für eine kleinere oder größere Menge von Gästen können Sie die Anzahl der Böden verkleinern oder vergrößern.

Für eine zwei- statt dreistöckige Torte reduzieren Sie die Teigmenge um ein Drittel und backen die Böden in nur zwei Kuchenformen.

Bei einer größeren, mehrschichtigen Torte erhöhen Sie die Teigmenge und verwenden mehrere Kuchenformen, um weitere Böden herzustellen. Wollen Sie statt einer dreilagigen eine vierlagige Torte backen, erhöhen Sie die Zutatenmenge um ein Drittel und nehmen eine vierte Form. Die Menge des zusätzlich benötigten Teiges hängt von der Größe der verwendeten Backformen ab. Deshalb können auch keine genauen Umrechnungsverhältnisse angegeben werden.

OMBRÉ-EFFEKT FÜR TORTENBÖDEN

Bei einigen Rezepten führen abgestufte Farbschattierungen zu raffinierten Effekten. Dazu färben Sie die Tortenböden in unterschiedlichen Nuancen eines einzigen Tons ein und schichten die Böden von Hell nach Dunkel aufeinander.

Mischen Sie einige Tropfen Lebensmittelfarbe oder Farbgel gründlich unter den fertigen Teig. Um gleich große Mengen zu erhalten, streichen Sie die Masse mit einem Teigschaber glatt und teilen sie für eine vierstöckige Torte in Viertel ein. Nachdem die erste Farbportion eingerührt wurde, nehmen Sie ein Viertel des Teiges aus der Schüssel und füllen es in die Backform. Mischen Sie anschließend weitere Tropfen Farbe unter den Teig, um eine dunklere Tönung zu erzielen. Dafür genügt eine kleine Menge, da die Nuancierung stufenweise erfolgt. Das zweite Viertel wird in die nächste Form gefüllt.

Auf diese Weise färben Sie auch die nächsten Teigportionen und backen sie dann wie angegeben.

Lassen Sie die Böden nach dem Backen auf einem Kuchengitter gut auskühlen. Danach wird der gebräunte Rand jedes Bodens entfernt, damit die Teigfarbe erscheint. Vorsicht: Die Böden dürfen nicht mehr warm sein, sonst zerfallen sie beim Schneiden! Legen Sie den Boden dafür stets flach auf ein Schneidebrett und entfernen Sie mit einem scharfen Messer nach und nach kleine Randstücke. Drehen Sie den Kuchen dabei regelmäßig, damit die runde Form erhalten bleibt.

TIPPS FÜR DIE DEKORATION

In diesem Buch finden Sie viele Ideen für natürliche, ansprechende Verzierungen mit essbaren Blüten, Zuckerdekorschablonen und frischem Obst. Lassen Sie Ihrer Fantasie freien Lauf! Beim Einkaufen stoße ich oft auf tolle Dekorationen, die mich zu meinen Kuchen inspirieren. Halten Sie Ihre Augen stets offen für Anregungen, es gibt überall etwas zu entdecken.

Bei der Verwendung von frischen Blüten als Dekoration sollten Sie sich vergewissern, dass sie auch wirklich verzehrt werden können (siehe Seite 11). Viele Blumen kann man essen, sie schmecken jedoch oft bitter. Daher sollten essbare Blüten, die vor allem als Schmuck dienen, stets vor dem Anschneiden der Torte entfernt werden. Essen Sie nie Blumenschmuck, bei dem Sie nicht ganz sicher sind, ob Sie das gefahrlos tun können!

Wenn Sie keine Dekorschablone besitzen, fertigen Sie eine – etwas größer als der Kuchen – aus Karton und schneiden mit einem Cutter ein Muster hinein. Legen Sie die Schablone auf den Kuchen und bestäuben Sie sie dick mit Puderzucker oder Kakaopulver. Wer besonders kreativ ist, kann auch eine Doppelschablone mit ineinandergreifenden Mustern anfertigen oder den Kuchen mit kakaobestäubten Mustern und strukturierten Glasuren dekorieren.

Die einfachste Form der Dekoration besteht darin, Kuchen und Torten mit Bändern und Schleifen zu verzieren. Normalerweise befestige ich die Bänder mit einer großen Stecknadel. Wichtig: Sie muss vor Gebrauch sterilisiert und vor dem Servieren des Kuchens entfernt werden!

DIE BÖDEN SCHICHTEN

Da die hier vorgestellten Kuchen nicht allzu groß sind, können Sie sie problemlos schichten und benötigen keine zusätzliche Ausrüstung. Sie platzieren den größten Boden auf einem Tortenständer oder einer Kuchenplatte, garnieren den Boden und legen die nächste Schicht darauf. Wichtig: Die Böden müssen zentriert übereinandergeschichtet werden! Nur so wird die Torte stabil. Ist im Rezept ein dritter Boden vorgesehen, legen Sie den kleinsten mittig oben darauf.

Große Kuchen, wie Hochzeitstorten, brauchen eine Stütze, damit sie nicht zusammenfallen. Verwenden Sie dafür eine stabile Unterlage. Legen Sie dazu jeden Boden auf eine Tortenunterlage oder -scheibe in der Größe (oder etwas größer) des jeweiligen Tortenbodens. Platzieren Sie diese auf der Kuchenplatte und stecken Sie nun mehrere kurze „Tortendübel" in den Boden, um die nächste Lage zu stützen. Die „Dübel" müssen so hoch sein wie die Böden, damit sie nicht hervorstehen. Also, genau ausmessen und auf die richtige Länge zuschneiden! Sind die „Dübel" eingesetzt, legen Sie den nächsten Boden darauf und wiederholen die Arbeitsschritte, bis die Torte komplett aufgeschichtet ist. Bei speziellen Anlässen sollten solche Torten immer erst an Ort und Stelle montiert werden. Kuchenunterlagen und Tortendübel sind in Haushaltswarengeschäften und Onlineshops erhältlich.

Grundrezept für Rührteig

Die meisten Kuchen im Buch basieren auf diesem Grundrezept. Wählen Sie die gemäß Rezept erforderliche Menge und bereiten Sie den Teig wie folgt vor:

Butter und Zucker in einer großen Schüssel mit dem Handrührgerät cremig rühren. Eier zugeben und alles zu einer schaumigen Masse schlagen. Zum Schluss Mehl, Backpulver und Buttermilch oder Sauerrahm gründlich untermischen.

2-Eier-Teig

115 g weiche Butter
115 g Feinstzucker
2 Eier
115 g Mehl, gesiebt
1 TL Backpulver
1 EL Buttermilch oder Sauerrahm

4-Eier-Teig

225 g weiche Butter
225 g Feinstzucker
4 Eier
225 g Mehl, gesiebt
2 TL Backpulver
2 EL Buttermilch oder Sauerrahm

5 Eier-Teig

280 g weiche Butter
280 g Feinstzucker
5 Eier
280 g Mehl, gesiebt
2½ TL Backpulver
2½ EL Buttermilch oder Sauerrahm

6-Eier-Teig

340 g weiche Butter
340 g Feinstzucker
6 Eier
340 g Mehl, gesiebt
3 TL Backpulver
3 EL Buttermilch oder Sauerrahm

Essbare Blüten

Blumen werden schon seit Jahrhunderten in der Küche eingesetzt. Durch ihre natürliche Schönheit geben sie großartige Dekorationen für Torten ab. Viele Blüten sind essbar und können frisch oder kandiert verwendet werden. Andere wiederum sind giftig – deshalb sollten Sie nur unbedenkliche Blumendekos verzehren, und auch nur solche, die nicht mit Pflanzenschutzmitteln besprüht worden sind.

ESSBARE BLUMEN UND BLÜTEN

Die folgende Aufstellung wurde von meiner wunderbaren Freundin Kathy Brown, Expertin für essbare Blumen, zusammengestellt. Mit ihr teile ich die Liebe zu Blumen, und ihr verdanke ich auch mein gesamtes Wissen über dieses Thema. Verzehren Sie nie Blumendekos, wenn Sie nicht genau wissen, um welche Pflanzen es sich handelt!

Stockrosen (Alcea rosea)

Zitronenverbene, Blüten und Blätter (Aloysia triphylla)

Italienische Ochsenzunge (Anchusa azurea)

Dillblüten (Anethum graveolens)

Gänseblümchen (Bellis perennis)

Borretsch (Borago officinalis)

Ringelblumen (Calendula officinalis)

Römische Kamille (Chamaemelum nobile)

Orangen- und Zitronenblüten (Citrus sinensis und citrus limon)

Safran (Crocus sativus)

Gartenkürbisblüten (Cucurbita pepo)

Alpen-Nelke (Dianthus alpinus)

Raukeblüten (Eruca vesicaria ssp. sativa)

Fenchelblüten (Foeniculum vulgare)

Waldmeister (Galium odoratum)

Sonnenblumenblütenblätter (Helianthus annuus)

Taglilie (Hemerocallis)

Nachtviole (Hesperis matronalis)

Hibiskus (Hibiscus rosa-sinensis)

Hopfen (Humulus lupulus)

Ysop (Hyssopus officinalis)

Lavendel (Lavendula angustifolia)

Tigerlilie (Lilium lancifolium)

Bundblättrige Minze (Mentha suaveolens)

Indianernessel (Monarda didyma)

Süßdolde (Myrrhis odorata)

Basilikum (Ocimum basilicum)

Kapuzinerkresse (Tropaeolum majus)

Gemeine Nachtkerze (Oenothera biennis)

Wilder Majoran/Oregano (Origanum vulgare)

Wohlriechende Geranie, Pelargonie (Pelargonium)

Echte Schlüsselblume (Primula veris)

Gartenprimel (Primula vulgaris)

Rose (Rosa)

Rosmarin (Rosmarinus officinalis)

Salbeiblüten (Salvia officinalis)

Löwenzahn (Taraxacum officinale)

Thymian (Thymus vulgaris)

Kleeblüten (Trifolium pratense)

Duftveilchen (Viola odorata)

Hornveilchen (Viola cornuta)

Goldene Zitronenmelisse (Melissa officinalis aurea)

BLUMEN UND BLÜTEN KANDIEREN

Zum Kandieren essbarer Blüten oder Blätter brauchen Sie ein Eiweiß und etwas Feinstzucker. Achten Sie darauf, dass Blüten und Blätter unbeschädigt und sauber sind. Schlagen Sie das Eiweiß mit einem Schneebesen sehr schaumig und tragen Sie die Masse mithilfe eines kleinen Pinsels auf beide Seiten der Blütenblätter auf. Anschließend bestreuen Sie diese mit feinem Zucker, sodass jeweils das ganze Blatt mit einer dünnen Schicht überzogen ist. Lassen Sie den Zucker am besten aus geringer Höhe darüberrieseln. Platzieren Sie dann alle Blütenblätter auf einer Silikonmatte oder auf einem mit Backpapier belegten Backblech und lassen Sie sie über Nacht an einem warmen Ort trocknen. Kandierte Blüten lassen sich in einem luftdicht verschließbaren Behältnis mindestens einen Monat aufbewahren.

Romantik-Look

Pistazientorte

Bei den Rezepten in diesem Buch sorgen farbige Teige für reizvolle Effekte. Eine Torte in solch kunstvollen Schattierungen veredelt jedes Kuchenbüfett. Der Teig wird auf mehrere Schüsseln verteilt und in abgestuften Nuancen eingefärbt. Bei dieser Variante geht das kräftige Rosé der unteren Böden nach oben in ein zartes Hellrosa über. Eine sahnige hellgrüne Pistaziencreme hält das Kunstwerk zusammen. Anstelle von Pistazien kann man auch Haselnüsse oder Mandeln verwenden.

FÜR DIE PISTAZIENCREME

200 g geschälte Pistazienkerne

2 gehäufte EL Puderzucker

600 g Crème double (oder Mascarpone mit Schlagsahne zu gleichen Teilen gemischt)

3 TL gemahlene Bourbon-Vanille

1 Grundteig aus 6 Eiern (Rezept siehe Seite 9)

rosa Lebensmittelfarbgel

5 Springformen (20 cm Durchmesser), gefettet und mit Backpapier belegt

1 Spritzbeutel mit runder Tülle

Für 12 Portionen

Für die Creme drei Viertel der Pistazienkerne mit dem Puderzucker fein krümelig hacken. Diese Streusel werden erst beim Zusammensetzen der Torte gebraucht. Die restlichen Pistazien für die Dekoration grob hacken und ebenfalls beiseitestellen.

Den Backofen auf 180 °C vorheizen. Die Vanille unter den Teig mischen und diesen gleichmäßig auf 5 kleine Schüsseln verteilen. Dann jeder Masse Farbe hinzufügen; der ersten am wenigsten, jeder weiteren nach und nach etwas mehr für die abgestufte Nuancierung der Böden. Dann die Teige in die Formen füllen. (Wenn keine 5 Backformen vorhanden sind, die Böden einzeln backen. Nach jedem Vorgang die Form reinigen, fetten und mit Backpapier belegen.) Die Kuchen 20–25 Minuten backen, bis sie auf sanften Druck nicht mehr nachgeben. Oder die Garprobe machen: dazu ein Holzstäbchen in die Teigmitte stechen. Haftet nichts am Stäbchen, ist der Kuchen gar. Die Böden kurz in der Form und dann auf einem Kuchengitter abkühlen lassen.

Wenn die Seitenränder der Kuchen beim Backen etwas gebräunt wurden, die Stellen nach dem Auskühlen mit einem scharfen Messer vorsichtig abschaben, bis die rosa Farbe erscheint.

Crème double mit Pistazienstreuseln steif schlagen, bis die Masse sanfte Spitzen bildet. Die Creme in den Spritzbeutel füllen.

Den tief dunkelrosa Boden auf eine Kuchenplatte legen und eine dicke Cremeschicht darauf verstreichen, am Rand bündig abschließen. Den nächsthelleren Boden darauflegen, wieder Creme darauf verstreichen, diesen Vorgang wiederholen. Nach dem letzten Boden die Creme an den Rändern mit einer Streichpalette oder einem Metallteigschaber glatt streichen. Den obersten Boden sorgfältig mit Creme bestreichen. Dann den oberen Tortenrand mit den gehackten Pistazien verzieren.

Die Torte bis zum Verzehr kühl stellen, am besten am gleichen Tag servieren. Im Kühlschrank lässt sie sich bis zu 2 Tage aufbewahren.

Valentinsherz

Das dreistöckige Kuchenherz mit Rosenblüten ist die Krönung jeder Hochzeitstafel oder Muttertagsfeier. Die Backformen sind in Haushaltswarenläden und Onlineshops erhältlich. Wer keine besitzt, schneidet die Herzen einfach aus drei Kuchenquadraten zu. Dafür zeichnet man die Formen in den entsprechenden Größen auf Karton und schneidet sie aus. Dann legt man die Schablonen auf den Kuchen und schneidet die Herzen mit einem scharfen Messer aus. Für eine zweistöckige Variante genügen die Hälfte des Teiges und die beiden kleineren Backformen.

2 TL gemahlene Bourbon-Vanille

doppelte Menge Grundteig aus 4 Eiern (Rezept siehe Seite 9)

FÜR CREME UND ÜBERZUG

100 g Frischkäse

500 g Puderzucker, gesiebt

50 g weiche Butter

etwas Milch (nach Bedarf)

essbare Rosenblüten

Herzbackformen (16 cm, 20 cm und 26 cm Durchmesser), gefettet und mit Backpapier belegt

Für 20 Portionen

Den Backofen auf 180 °C vorheizen.

Die Vanille unter den Teig mischen und die Masse so auf die drei Backformen verteilen, dass die Teighöhe überall gleich ist. Kuchenböden 40–55 Minuten backen, bis sie auf sanften Druck nicht mehr nachgeben. Oder die Garprobe machen: dazu ein Holzstäbchen vorsichtig in die Teigmitte stechen. Haftet nichts am Stäbchen, sind die Kuchen gar. Da die kleineren Kuchen vor dem großen fertig sind, gegen Ende der Backzeit regelmäßig den Bräunungsgrad kontrollieren. Die Böden kurz in den Formen und dann auf einem Kuchengitter abkühlen lassen.

Für die Creme Frischkäse, Puderzucker und Butter zu einer weichen, dicken Masse schlagen. Etwas Milch unterrühren, falls die Creme zu fest ist.

Die drei Kuchen mit einem langen Sägemesser quer halbieren, eine dünne Cremeschicht darauf verstreichen und dann wieder zusammensetzen. Anschließend das große Herz vollständig mit Creme überziehen, an den Seitenrändern dünn auftragen, damit der Teig dekorativ durchscheint. Als Nächstes das mittlere Herz darauf platzieren und auf die gleiche Weise bestreichen. Ebenso das kleine Herz anbringen. Torte kühl stellen. Sobald der Überzug fest ist, die Tortenstufen großzügig mit Rosenblüten dekorieren.

Ganze Blumen sind nicht essbar (da die Stiele und inneren Teile der Blüte sehr bitter sein können). Sie dienen nur als Dekoration und sollten beim Anschneiden der Torte entfernt werden.

Das Kuchenherz bis zum Verzehr kühl stellen, am besten am gleichen Tag servieren. Luftdicht verschlossen und kühl gelagert lässt es sich bis zu 2 Tage aufbewahren.

Erdbeertorte mit Crème Chantilly

Eine perfekte Sommertorte – frische Beeren mit einer verlockenden, mit Vanille aromatisierten Creme. Für eine kleinere Torte reichen das Grundrezept mit vier Eiern und eine kleinere quadratische Backform (20 x 20 cm), dafür wird dann die Creme- und Früchtemenge halbiert. Für die Crème Chantilly sollte möglichst echtes Vanillemark verwendet werden, da es besonders geschmacksintensiv ist. Wer das große Glück hat, Walderdbeeren zu finden, kann diese zum Dekorieren verwenden.

Mark einer Vanilleschote oder 1 TL gemahlene Bourbon-Vanille

1 Grundteig aus 6 Eiern (Rezept siehe Seite 9)

FÜR DIE CRÈME CHANTILLY

600 g Crème double

1 TL gemahlene Bourbon-Vanille oder Mark von 1 Vanilleschote

2 EL Puderzucker, gesiebt

600 g Erdbeeren

5 EL Erdbeerkonfitüre

Puderzucker, zum Bestäuben

Erdbeerblätter, zum Dekorieren

2 quadratische Backformen (20 x 20 cm und 25 x 25 cm), gefettet und mit Backpapier belegt

Für 18 Portionen

Den Backofen auf 180 °C vorheizen.

Die Vanille sorgfältig unter den Teig mischen und die Masse in die Backformen füllen – etwa zwei Drittel in die größere Form, den Rest in die kleinere. Die Teighöhe sollte bei beiden Formen gleich sein. Kuchen 30–40 Minuten backen, bis er auf sanften Druck nicht mehr nachgibt. Oder die Garprobe machen: dazu ein Holzstäbchen vorsichtig in die Teigmitte stechen. Haftet nichts am Stäbchen, sind die Kuchen gar. Da der kleinere früher fertig ist, gegen Ende der Backzeit regelmäßig den Bräunungsgrad kontrollieren. Die Böden kurz in den Formen und dann auf einem Kuchengitter abkühlen lassen.

Für die Crème Chantilly alle Zutaten steif schlagen, bis die Masse sanfte Spitzen bildet.

Zum Dekorieren 1–2 ganze Erdbeeren beiseitelegen. Die restlichen Früchte putzen und in Scheiben schneiden.

Jeden Kuchenboden mit einem langen Sägemesser quer halbieren. Eine Hälfte des größeren Bodens auf eine Kuchenplatte legen und mit Creme bestreichen. Erdbeerscheiben darauflegen, dann 3 Esslöffel Konfitüre darauf verteilen. Die andere Kuchenhälfte darauflegen, andrücken und mit Puderzucker bestäuben. Auf die Mitte des Kuchens einen Esslöffel Konfitüre geben und soweit verstreichen, dass anschließend der kleinere Kuchen die bestrichene Fläche abdeckt. Die untere Hälfte des kleineren Kuchens daraufsetzen, festdrücken und die Creme, die restlichen Früchte sowie die Konfitüre auf die gleiche Weise verteilen. Den restlichen Kuchenboden daraufsetzen und die Torte mit Puderzucker bestäuben. Mit den ganzen Erdbeeren und grünen Blättern dekorieren. Diese vor dem Anschneiden der Torte entfernen.

Die Torte kühl stellen, am besten am gleichen Tag servieren.

Rosentorte mit Lokum

Diese reizvolle Torte aus rosa gefärbten Schichten ist mit pastellfarbenem Lokum – einem türkischen Geleekonfekt – gekrönt und sieht wirklich märchenhaft aus. Das Rosenaroma im Teig greift das des Lokums auf, ebenso die Füllung aus Rosencreme und -konfitüre. Wer weniger Rosengeschmack möchte, kann auch nur Schlagsahne und Himbeerkonfitüre verwenden. Das Ergebnis überzeugt genauso.

1 EL Rosensirup oder Rosenwasser

1 Grundteig aus 4 Eiern (Rezept siehe Seite 9)

rosa Lebensmittelfarbe

FÜR DIE ROSENCREME

1 Handvoll essbare, duftende Rosenblütenblätter

1 EL Rosensirup

1 EL Puderzucker, gesiebt

1 EL neutrales Öl, wie etwa Sonnenblumenöl

400 g Crème double

3 EL Rosenkonfitüre (oder Himbeerkonfitüre)

Puderzucker, zum Bestäuben

Lokum (türkisches Geleekonfekt, in Rosa oder Rot), klein gewürfelt

2 Springformen (20 cm Durchmesser), gefettet und mit Backpapier belegt

Für 10 Portionen

Den Backofen auf 180 °C vorheizen.

Den Sirup unter den Teig ziehen und die Hälfte davon in eine Form füllen. Einige Tropfen rosa Farbe unter den restlichen Teig rühren und die Masse in die zweite Form füllen. Beide Kuchen 25–30 Minuten backen, bis der Teig auf sanften Druck nicht mehr nachgibt. Oder die Garprobe machen: dazu ein Holzstäbchen in die Teigmitte stechen. Haftet nichts am Stäbchen, ist der Kuchen gar. Kurz in den Formen und dann auf einem Kuchengitter abkühlen lassen.

Für die Rosencreme in einem Mixer eine Paste aus Rosenblättern, -sirup, Puderzucker und Öl herstellen, Crème double dazugeben und schlagen, bis die Masse Spitzen bildet.

Die Kuchenränder mit einem langen Sägemesser abschaben, damit die farbigen Teige hervortreten. Jeden davon quer halbieren. Eine rosa Hälfte auf eine Kuchenplatte legen und mit einem Drittel der Creme bestreichen. Etwas Konfitüre darüber verteilen und eine gelbe Kuchenhälfte daraufsetzen. Creme und Konfitüre auf diese Weise verteilen, bis alle vier Böden abwechselnd farbig geschichtet sind. Zum Schluss die Cremeränder mit einer Streichpalette oder einem Metallteigschaber glätten. Torte dick mit Puderzucker bestäuben und mit Lokum-Würfeln verzieren.

Die Torte bis zum Verzehr kühl stellen, am besten am gleichen Tag servieren. Im Kühlschrank lässt sie sich bis zu 2 Tage aufbewahren.

Mini-Hochzeitskuchen

Ich liebe diese Hochzeitskuchen in Miniaturform, weil sie so verlockend aussehen und der Fantasie beim Dekorieren keine Grenzen gesetzt sind. Wer möchte, kann jedem Hochzeitsgast einen eigenen Kuchen backen. Bei diesem Schichtkuchen werden die einzelnen Böden dünn mit Fondant überzogen, damit sie nicht so schnell austrocknen und länger haltbar sind. Der einfache Rührteig lässt sich übrigens auf vielfältige Weise verfeinern: mit Zitronenschale, Schokoladenstückchen oder, nach Belieben, auch mit Apfelmus und Vielem anderen mehr.

1 Grundteig aus 5 Eiern (Rezept siehe Seite 9)

FÜR DIE CREME

250 g Puderzucker, gesiebt

10 g weiche Butter

1 EL Frischkäse

½ TL gemahlene Bourbon-Vanille

etwas Milch (nach Bedarf)

FÜR DIE ZUCKERGLASUR

400 g Fondant

essbare Rosen oder Zuckerblumen, zum Dekorieren

1 rechteckige Backform (40 x 28 cm), gefettet und mit Backpapier belegt

runde Ausstechformen (9 cm, 6,5 cm und 4 cm Durchmesser)

Für 6 Mini-Kuchen

Den Backofen auf 180 °C vorheizen.

Teig in die Kuchenform füllen und 30–40 Minuten backen, bis der Teig auf sanften Druck nicht mehr nachgibt. Oder die Garprobe machen: dazu ein Holzstäbchen in die Teigmitte stechen. Haftet nichts am Stäbchen, ist der Kuchen gar. Den Kuchen kurz in der Form abkühlen lassen, auf ein Gitter geben und auskühlen lassen.

Für die Creme Puderzucker, Butter, Frischkäse und Vanille mit dem Handrührgerät zu einer geschmeidigen Masse schlagen. Etwas Milch unterrühren, falls die Creme zu fest ist.

Dann mit jedem Ausstecher jeweils 6 Scheiben aus dem Kuchen ausschneiden. Den Boden jeder mittelgroßen Scheibe mit etwas Creme bestreichen und auf je ein größeres Teil setzen. Die kleinen Scheiben ebenfals mit Creme bestrichen auf die Mittelteile drücken. Das ergibt 6 Mini-Kuchen.

Für die Zuckerglasur den Fondant mit 80–100 ml Wasser erwärmen, bis er dünnflüssig und fast durchsichtig ist. Die 6 Kuchen auf ein Gitter setzen und Alufolie oder Backpapier zum Auffangen der Glasur unterlegen. Die Kuchen vollständig mit einer dünnen Glasurschicht überziehen. Falls Zuckerblumen als Deko verwendet werden, sollten sie aufgelegt werden, während die Glasur noch weich ist. Die Kuchen mit einem Messer vom Gitter lösen, wenn die Glasur erhärtet ist.

Kurz vor dem Servieren jeden Kuchen mit frischen Blumen dekorieren. Achtung: Ganze Blumen nur zu Dekozwecken verwenden und vor dem Anschneiden des Kuchens unbedingt entfernen! Sie sind nicht essbar (die Stiele und Innenteile der Blüte sind bitter).

Die Kuchen lassen sich bis zu 3 Tage in einem luftdicht verschließbaren Behältnis aufbewahren.

Pfirsich-Melba-Baisertorte

Der Opernsängerin Nellie Melba soll einst das Eisdessert Pfirsich Melba gewidmet worden sein. Es hat mich zu diesem Prachtstück von Schichttorte inspiriert. Das knusprige Backwerk aus Baiser, pochierten Pfirsichen, Himbeeren und Creme eignet sich hervorragend für spezielle Anlässe. Für eine kleinere Torte mit halb so viel Schichten werden die Zutatenmengen einfach halbiert.

FÜR DIE BAISERBÖDEN

4 Eiweiße

225 g Feinstzucker und 1 EL extra

1 TL gemahlene Bourbon-Vanille

1 Grundteig aus 4 Eiern (Rezept siehe Seite 9)

FÜR DIE CREMEFÜLLUNG

8 Pfirsiche

Puderzucker, zum Bestäuben

500 g Crème double, geschlagen

400 g Himbeeren

2 Backbleche, mit Backpapier belegt

2 Springformen (20 cm Durchmesser), gefettet und mit Backpapier belegt

Für 12 Portionen

Den Backofen auf 140 °C vorheizen.

Für das Baiser die Eiweiße steif schlagen. Dabei den Zucker löffelweise einrieseln lassen und weiterschlagen, bis eine dicke, glänzende Masse entsteht, die Spitzen bildet.

Baiserteig zu 2 runden Böden (20 cm Durchmesser) so auf die Bleche streichen, dass auf den Oberflächen dekorative Wellenmuster entstehen. Die Böden etwa 90 Minuten backen, bis sie knusprig sind. Aus dem Ofen nehmen und auf den Blechen abkühlen lassen. Die Backofentemperatur auf 180 °C erhöhen.

Die Vanille unter den Teig mischen und diesen gleichmäßig auf die Kuchenformen verteilen. Kuchen 20–30 Minuten backen, bis er auf sanften Druck nicht mehr nachgibt. Oder die Garprobe machen: dazu mit einem Holzstäbchen in die Teigmitte stechen. Haftet nichts am Stäbchen, sind die Kuchen gar. Kurz in den Backformen und dann auf einem Kuchengitter abkühlen lassen.

Die Pfirsiche in eine Schüssel geben und mit heißem Wasser bedecken. Kurz blanchieren, dann das Wasser abgießen. Wenn die Früchte abgekühlt sind, die Haut abziehen. Die Steine entfernen und das Fruchtfleisch in Scheiben schneiden.

Zum Schichten der Torte einen Kuchenboden auf eine Platte legen und mit Puderzucker bestäuben. Ein Drittel Crème double darauf verstreichen und mit der Hälfte der Pfirsichscheiben belegen. Einen Baiserboden darauflegen und auf diesem ein Drittel Crème double und die Himbeeren verteilen. Den zweiten Kuchenboden daraufsetzen und mit Puderzucker bestäuben. Darüber die restliche Crème double und die Pfirsichscheiben verteilen. Den zweiten Baiserboden als Abschluss darauflegen und die Torte leicht mit Puderzucker bestäuben.

Die Torte bis zum Verzehr kühl stellen, am besten am gleichen Tag servieren. Im Kühlschrank lässt sie sich bis zu 2 Tage aufbewahren.

Rosenblütentorte

Ich liebe es, Gebäck mit Rosen zu verfeinern – ihr wundervoller Duft erinnert mich an warme Sommertage, an denen mein Garten von jenem zarten Rosenhauch erfüllt ist. Die prächtige Torte passt gut für eine Einladung zum Tee.

ZUM KANDIEREN DER ROSENBLÜTENBLÄTTER

1 Eiweiß

1 TL Rosenwasser

essbare Rosenblütenblätter

Puderzucker, zum Bestäuben

2 TL gemahlene Bourbon-Vanille

1 Grundteig aus 6 Eiern (Rezept siehe Seite 9)

FÜR DIE CREMEFÜLLUNG

1 Handvoll essbare Rosenblütenblätter

1 EL Rosensirup

1 EL Puderzucker

400 g Crème double

Rosenblüten-Konfitüre

essbare, getrocknete Rosenblütenblätter, zum Dekorieren

1 Backpinsel

1 Backblech, mit Silikonmatte oder Backpapier belegt

3 Springformen (20 cm Durchmesser), gefettet und mit Backpapier belegt

1 Spritzbeutel mit großer Sterntülle

Für 10 Portionen

Als Erstes die Rosenblätter kandieren, da sie über Nacht trocknen müssen. Dazu Eiweiß mit Rosenwasser sehr steif schlagen und damit die Vorder- und Rückseite der Blätter bepinseln. Dann mit Puderzucker bestäuben. Am besten ist es, dafür die Blüten auf einen großen Teller zu legen, um den Rest aufzufangen. Auf diese Weise alle Rosenblätter behandeln, dann auf das Backblech legen und an einem warmen Ort über Nacht trocknen lassen. Die Blätter luftdicht verschlossen bis zur Weiterverwendung aufbewahren.

Den Backofen auf 180 °C vorheizen.

Die Vanille unter den Teig mischen und die Masse gleichmäßig auf die Kuchenformen verteilen. 20–30 Minuten backen, bis der Teig auf sanften Druck nicht mehr nachgibt. Oder die Garprobe machen: dazu ein Holzstäbchen in die Teigmitte stechen. Haftet nichts am Stäbchen, ist der Kuchen gar. Kuchenböden kurz in der Form und dann auf einem Kuchengitter abkühlen lassen.

Für die Füllung die Rosenblätter in einer Küchenmaschine mit dem Sirup und Puderzucker zu einer geschmeidigen Paste verarbeiten. Diese mit Crème double in eine Schüssel geben und steif schlagen, bis die Masse Spitzen bildet. Die Creme in den Spritzbeutel füllen.

Einen Kuchenboden auf eine Servierplatte legen. Ein Drittel Füllung darauf verteilen und etwas Konfitüre darüberstreichen. Den zweiten Boden daraufsetzen und die Hälfte der restlichen Creme und etwas Konfitüre darauf verteilen. Den dritten Boden darauflegen und die restliche Creme mit einer Streichpalette oder einem Metallteigschaber darauf verteilen. Zum Schluss die kandierten Rosenblätter in die Mitte setzen und den Rand mit den getrockneten Rosenblättern dekorieren.

Die Torte bis zum Verzehr kühl stellen, am besten am gleichen Tag servieren. Im Kühlschrank lässt sie sich bis zu 2 Tage aufbewahren.

Neapolitanische Türmchen

Die klassisch rosa-weiß-braun geschichtete neapolitanische Eiscreme hat mich zu diesem luftigen Türmchen inspiriert. Die Lagen aus kräftigem Schoko-, feinem Vanille- und rosa gefärbtem Rührteig lassen sich beliebig zusammensetzen.

1 Grundteig aus 6 Eiern (Rezept siehe Seite 9)

100 g Zartbitterschokolade, geschmolzen

1 TL gemahlene Bourbon-Vanille

rosa Lebensmittelfarbgel

FÜR DIE FÜLLUNG

500 g Puderzucker, gesiebt

30 g weiche Butter

½ TL gemahlene Bourbon-Vanille

etwas Milch (nach Bedarf)

einige Tropfen rosa Lebensmittelfarbgel

2 EL ungezuckertes Kakaopulver, gesiebt

FÜR DIE DEKORATION

2 EL Schokospäne

2 EL Honig-Crunchies, zerkrümelt

2 EL gefriergetrocknete Himbeeren oder Erdbeeren, in Stückchen geteilt

3 quadratische Backformen (20 x 20 cm), gefettet und mit Backpapier belegt

runde Ausstecher (4 cm Durchmesser)

Für 16 Stück

Den Backofen auf 180 °C vorheizen.

Den Teig gleichmäßig auf 3 Schüsseln verteilen. Eine Teigportion mit Schokolade, die zweite mit Vanille und die dritte mit einigen Tropfen Lebensmittelfarbe vermischen. Teige jeweils in eine Backform füllen.

Teige 20–25 Minuten backen, bis sie auf sanften Druck nicht mehr nachgeben. Oder die Garprobe machen: dazu ein Holzstäbchen in die Teigmitte stechen. Haftet nichts am Stäbchen, sind die Kuchen gar. Böden kurz in der Form und dann auf einem Gitter auskühlen lassen.

Für die Füllung Puderzucker, Butter und Vanille mit dem Handrührgerät zu einer cremig-steifen Masse schlagen. Etwas Milch unterrühren, falls die Creme zu fest ist. Diese dann auf 3 Schüsseln verteilen. Die rosa Lebensmittelfarbe unter das erste Drittel und das Kakaopulver unter das zweite mischen; die letzte Crememasse bleibt hell.

Aus jedem Kuchenboden mit den Ausstechern 16 Scheiben ausschneiden und 3 verschiedenfarbige Schichten nach Belieben aufeinandersetzen, dazwischen jeweils eine dünne Schicht Creme mit einer Streichpalette oder einem Metallteigschaber verteilen.

Zum Schluss die Törtchen dekorieren: die Schokospäne auf die Türme mit Schokoteig-Abschluss, die Crunchies auf die Türme mit hellem Abschluss und die Beerenstückchen auf die Türme mit rosa Abschluss.

Das Gebäck hält sich luftdicht verschlossen bis zu 2 Tage, sollte aber am besten am Tag der Zubereitung serviert werden.

Rote Samttorte

Dieses Rezept ist ein Favorit der amerikanischen Südstaaten: Der Kuchen wird mit Kakao und Schokolade aromatisiert und rot eingefärbt. Mit dem dünnen Buttercremeüberzug und weißen Rosen dekoriert wird er zur perfekten Hochzeitstorte.

60 g ungezuckertes Kakaopulver, gesiebt

100 g Zartbitterschokolade, geschmolzen

rotes Lebensmittelfarbgel

1 Grundteig aus 6 Eiern (Rezept siehe Seite 9)

FÜR CREME UND ÜBERZUG

200 g Frischkäse

400 g Puderzucker, gesiebt

50 g weiche Butter

etwas Milch (nach Bedarf)

essbare weiße Rosen, zum Dekorieren

3 Springformen (20 cm Durchmesser), gefettet und mit Backpapier belegt

2 Springformen (12 cm Durchmesser), gefettet und mit Backpapier belegt

Für 14 Portionen

Den Backofen auf 180 °C vorheizen.

Kakaopulver, Schokolade und Farbgel zum Teig geben und mit dem Handrührgerät gründlich untermischen. Die Masse so auf alle Backformen verteilen, dass der Teig jeweils die gleiche Höhe hat. Die Kuchen 20–25 Minuten backen, bis sie auf sanften Druck nicht mehr nachgeben. Oder die Garprobe machen: dazu ein Holzstäbchen in die Teigmitte stechen. Haftet nichts am Stäbchen, ist der Kuchen gar. Da die kleineren Kuchen früher fertig sind als die größeren, gegen Ende der Backzeit regelmäßig den Bräunungsgrad kontrollieren. Die Kuchen kurz in den Formen und dann auf einem Gitter abkühlen lassen.

Für die Creme Frischkäse, Puderzucker und Butter steif schlagen. Etwas Milch unterrühren, falls die Creme zu fest ist.

Einen großen Kuchenboden auf eine Tortenplatte legen und dünn mit Creme bestreichen. Den nächsten großen Boden daraufsetzen, etwas Creme darauf verteilen und den dritten Boden daraufsetzen. Etwas Creme oben in der Mitte verteilen und einen kleinen Boden daraufsetzen. Auch darauf wieder Creme verstreichen und den letzten Boden darauflegen. Mithilfe einer großen Palette die Schichttorte dünn mit Creme bestreichen, sodass der Teig überall durchscheinen kann. Die Torte zum Schluss mit Rosen dekorieren. Vorsicht: Ganze Blumen nur zu Dekozwecken verwenden und vor dem Anschneiden der Torte unbedingt entfernen. Sie sind nicht essbar (die Stiele und Innenteile der Blüte sind bitter).

Die Torte hält sich luftdicht verschlossen bis zu 2 Tage, sollte aber am besten am Tag der Zubereitung verzehrt werden.

Heidelbeertörtchen mit Zitronenglasur

Die frisch-säuerliche Note von Heidelbeeren harmoniert perfekt mit dem Zitronengeschmack der Törtchen. Sie werden mit Sahne und englischer Zitronencreme gefüllt und dann mit den saftigen Beeren garniert. Ideal zum Tee!

abgeriebene Schale von 2 unbehandelten Zitronen

1 Grundteig aus 4 Eiern (Rezept siehe Seite 9)

200 g Crème double, geschlagen

4 EL Lemon Curd (Zitronencreme, Fertigprodukt)

200 g Heidelbeeren

FÜR DIE ZITRONENGLASUR

170 g Fondant

Saft von 2 Zitronen

8 kleine Kuchenringe (6,5 cm Durchmesser), gefettet und auf ein gefettetes Backblech gesetzt

1 Spritzbeutel mit großer, runder Tülle (wahlweise)

1 Spritzbeutel mit Sterntülle

Für 8 Stück

Den Backofen auf 180 °C vorheizen.

Zitronenschale gründlich unter den Teig mischen und die Masse gleichmäßig auf die Kuchenringe verteilen – entweder mithilfe eines Löffels oder eines Spritzbeutels.

Törtchen 20–30 Minuten backen, bis der Teig auf sanften Druck nicht mehr nachgibt. Kurz in den Kuchenringen abkühlen lassen. Danach mit einem scharfen Messer die Törtchen vom Rand der Formen lösen. Auf ein Kuchengitter setzen und gut abkühlen lassen.

Alle Törtchen quer halbieren, Crème double in den Spritzbeutel mit Sterntülle füllen und eine Spirale auf jeden Kuchenboden spritzen. Etwas Lemon Curd und einige Heidelbeeren darauf verteilen und die andere Kuchenhälfte daraufsetzen.

Für die Glasur den Fondant mit etwas Zitronensaft erwärmen (nur nach und nach dazugeben, da eventuell nicht alles gebraucht wird) und zu einem dickcremigen Guss verrühren. Die Törtchen damit beträufeln, die Glasur darf seitlich herunterlaufen. Kurz antrocknen lassen. Danach die Törtchen mit Heidelbeeren dekorieren und die Glasur fest werden lassen.

Die Törtchen bis zum Verzehr kühl stellen, am besten am gleichen Tag servieren. Im Kühlschrank lassen sie sich bis zu 2 Tage aufbewahren.

Raffinierte Schlichtheit

Zitronen-Himbeer-Rolle

Luftige Biskuitrouladen eignen sich auch gut als Dessert für ein festliches Essen. Sie werden nur mit Puderzucker bestäubt und mit in weiße Schokolade getauchte Himbeeren garniert. Das macht das fruchtige Backwerk nur noch verlockender.

FÜR DEN TEIG

150 ml Milch

40 g Mehl, gesiebt

½ TL Backpulver

5 Eier, getrennt

150 g Feinstzucker

abgeriebene Schale von 2 unbehandelten Zitronen

Puderzucker, zum Bestäuben

FÜR DIE FÜLLUNG

400 g Crème double

4 EL Vanillepudding (Fertigprodukt)

400 g Himbeeren

FÜR DIE DEKORATION

50 g weiße Schokolade, geschmolzen

1 Backblech (38 x 28 cm), gefettet und mit Backpapier belegt

Für 6–8 Portionen

Den Backofen auf 200 °C vorheizen.

Milch, Mehl und Backpulver in einem Topf bei geringer Hitze zu einer glatten Masse verrühren.

Eigelbe und Zucker in einer Rührschüssel schaumig schlagen. Die Mehlmischung und die Zitronenschale unterrühren.

In einer separaten Rührschüssel die Eiweiße steif schlagen. Portionsweise unter den Teig heben. Die Masse vorsichtig auf dem Backblech verteilen und gleichmäßig verstreichen. Den Biskuitteig 8–12 Minuten backen, bis er auf sanften Druck nicht mehr nachgibt.

Ein Stück Backpapier – größer als das Backblech – auf die Arbeitsfläche legen, mit Puderzucker bestäuben. Biskuit daraufstürzen. Das noch anhaftende Papier, das zum Backen verwendet wurde, abziehen. Den Biskuitteig mithilfe der Papierunterlage aufrollen, sodass sich diese in der Roulade befindet. Abkühlen lassen.

Kurz vor dem Servieren Crème double steif schlagen. Den Biskuit vorsichtig entrollen, Papier entfernen. Die Crème double auf den Biskuitboden streichen. Darüber eine Schicht Vanillepudding geben. Etwa 10 Himbeeren zum Dekorieren beiseitelegen, den Rest gleichmäßig auf dem Pudding verteilen. Den Kuchen vorsichtig aufrollen, auf eine Servierplatte legen und mit Puderzucker bestäuben.

Die weiße Schokolade in eine kleine Schüssel gießen und die zurückbehaltenen Himbeeren jeweils zur Hälfte hineintauchen. Den Rücken der Biskuitrolle in der Mitte mit einigen Schokotropfen beträufeln, die Früchte darauf fixieren und die Rolle sofort servieren.

Clementinenküchlein

Ich liebe das köstliche Zitrusaroma von Clementinen. Ein Überzug aus Fruchtglasur und zarte Rosenblätter schmücken die Mini-Kuchen für den Nachmittagstee.

ZUM KANDIEREN DER ROSENBLÜTENBLÄTTER

20–30 essbare orangefarbene Rosenblütenblätter

1 Eiweiß

Feinstzucker, zum Bestreuen

1 EL Clementinensaft

abgeriebene Schale von 2 unbehandelten Clementinen und etwas extra zum Dekorieren

1 Grundteig aus 2 Eiern (Rezept siehe Seite 9)

FÜR DIE CLEMENTINEN-GLASUR

170 g Fondant

40 ml Clementinensaft

1 Backpinsel

1 Backblech, mit Silikonmatte oder Backpapier belegt

1 Spritzbeutel mit großer, runder Tülle (wahlweise)

10 Kuchenringe (8 cm Durchmesser), gefettet und auf ein gefettetes Backblech gesetzt

Für 10 Stück

Als Erstes die Blütenblätter kandieren, da sie über Nacht trocknen müssen. Dazu das Eiweiß schaumig schlagen und mit dem Pinsel sorgfältig auf beide Seiten der Blätter auftragen. Anschließend mit Zucker bestreuen, sodass das ganze Blatt mit einer dünnen Zuckerschicht überzogen ist. Es empfiehlt sich, den Zucker direkt auf die Blätter herabrieseln zu lassen und einen Teller darunterzustellen. Die Blätter auf einem Backblech an einem warmen Ort über Nacht trocknen lassen. Danach bis zum Servieren des Kuchens luftdicht verschlossen aufbewahren.

Den Backofen auf 180 °C vorheizen.

Clementinensaft und -schale unter den Teig mischen. Die Masse mit einem Löffel oder einem Spritzbeutel auf die Kuchenringe verteilen. 20–30 Minuten backen, bis der Teig auf sanften Druck nicht mehr nachgibt. Oder die Garprobe machen: dazu ein Holzstäbchen in die Teigmitte stechen. Haftet nichts am Stäbchen, sind die Kuchen gar. Kurz in den Ringen abkühlen lassen, dann mit einem scharfen Messer vom Rand lösen und auf ein Kuchengitter stürzen.

Für die Glasur Fondant und Clementinensaft gründlich verrühren, leicht erwärmen, bis die Masse fast flüssig ist. Ein wenig davon mit einem Löffel auf jeden Kuchen träufeln. Darauf kandierte Blätter und Clementinenschale verteilen und die Glasur fest werden lassen.

Die Kuchen sollten am besten am Tag der Zubereitung gegessen werden, luftdicht verschlossen lassen sie sich bis zu 2 Tage aufbewahren.

Zitronen-Baiser-Torte

Bei diesem Kuchen stand ein Dessert namens Lemon-Meringue-Pie Pate. Gelb abgestufte und mit Zitronenguss beträufelte Böden werden mit Creme und englischer Lemon Curd gefüllt und mit vielen kleinen Baiser-Tuffs verziert.

abgeriebene Schale von 3 unbehandelten Zitronen

1 Grundteig aus 6 Eiern (Rezept siehe Seite 9)

gelbes Lebensmittelfarbgel

FÜR DIE ZITRONENGLASUR

Saft von 3 Zitronen

3 EL Puderzucker

FÜR DIE CREMEFÜLLUNG

350 g Puderzucker, gesiebt

2 EL weiche Butter

1–2 EL Milch (nach Bedarf)

2 EL Lemon Curd (Zitronencreme, Fertigprodukt)

FÜR DAS BAISER

100 g Feinstzucker

1 EL Zuckersirup

2 Eiweiße

3 Springformen (20 cm Durchmesser), gefettet und mit Backpapier belegt

1 Spritzbeutel mit großer Sterntülle

1 Flambierbrenner

Für 12 Portionen

Den Backofen auf 180 °C vorheizen.

Die Zitronenschale unter den Teig mischen. Ein Drittel der Masse in eine der Backformen füllen. Unter den restlichen Teig einige Tropfen gelbe Farbe rühren und die Hälfte der Teigmasse in die zweite Form geben. Unter den restlichen Teig nochmals Farbe geben, damit er dunkelgelb wird. Teig in die dritte Kuchenform füllen. Die Böden 25–30 Minuten backen, bis sie auf sanften Druck nicht mehr nachgeben. Oder die Garprobe machen: dazu mit einem Holzstäbchen in die Teigmitte stechen. Haftet nichts am Stäbchen, sind die Böden gar; diese noch in den Formen belassen.

Für die Glasur Zitronensaft und Puderzucker in einem Topf aufkochen lassen. Die warme Glasur über jeden einzelnen Kuchen träufeln und diese in den Formen abkühlen lassen.

Für die Creme Puderzucker und Butter zu einer weichen, dicken Masse schlagen. Etwas Milch unterrühren, falls die Creme zu fest ist.

Die Kuchen aus den Formen lösen; nach Belieben können die Ränder mit einem scharfen Messer vorsichtig weggeschnitten werden, damit die Teigfarbe sichtbar wird. Den dunkelgelben Kuchen auf einen Tortenständer legen. Die Hälfte der Creme daraufstreichen und 1 Esslöffel Lemon Curd darauf verteilen. Den helleren gelben Boden daraufsetzen und mit Creme und Lemon Curd bestreichen. Den dritten Boden als Abschluss daraufsetzen.

Für das Baiser Zucker, Sirup und 3 Esslöffel Wasser erhitzen, bis sich der Zucker aufgelöst hat. Aufkochen lassen. In einer Rührschüssel die Eiweiße steif schlagen. Dabei nach und nach den heißen Sirup angießen und weiterschlagen, bis die Masse leicht abgekühlt ist. Die Schaummasse in einen Spritzbeutel füllen und auf die Torte kleine Tuffs aufspritzen. Diese dann mit dem Flambierbrenner leicht abflämmen.

Die Torte sollte am Tag der Zubereitung verzehrt werden.

Karamelltorte

Davon träumen alle Karamell-Fans: Die Torte besteht aus Rührteigböden mit kräftigem Zuckermelassegeschmack, jede Schicht ist mit einer Karamellglasur überzogen, und die locker verteilte Sahne dazwischen hält alles zusammen. Die Blütendekoration kann auch durch Karamellbonbons oder Schokoladenspäne ersetzt werden.

FÜR DEN TEIG

340 g Vollrohrzucker

340 g weiche Butter

6 Eier

340 g Mehl, gesiebt

3 ½ TL Backpulver

2 EL Sauerrahm

essbare Blüten, wie von Hornveilchen oder Gerbera, zum Dekorieren

FÜR DIE KARAMELLGLASUR

50 g Butter

100 g Feinstzucker

125 g Crème double

80 g Fondant

FÜR DIE FÜLLUNG

225 g Schlagsahne (oder 300 g geschlagene Crème double)

3 Springformen (20 cm Durchmesser), gefettet und mit Backpapier belegt

Für 12 Portionen

Den Backofen auf 180 °C vorheizen.

Zucker und Butter cremig schlagen. Eier unterrühren. Mehl, Backpulver und Sauerrahm unterheben. Den Teig gleichmäßig auf die Kuchenformen verteilen. 20–25 Minuten backen, bis er auf sanften Druck nicht mehr nachgibt. Oder die Garprobe machen: dazu ein Holzstäbchen in die Teigmitte stechen. Haftet nichts am Stäbchen, ist der Kuchen gar. Die Kuchen mit einem Messer vom Backformrand lösen. Die Böden kurz in der Form und dann auf einem Gitter abkühlen lassen.

Für die Glasur Butter und Zucker in einem Topf erhitzen, bis beides geschmolzen ist und langsam zu karamellisieren beginnt. Crème double untermischen und das Ganze bei geringer Hitze glattrühren. Vorsicht beim Hineingeben der Crème double: Die Masse spritzt leicht! Falls sich Zuckerklümpchen bilden, die Masse durch ein feinmaschiges Sieb streichen. Zum Schluss den Fondant in der Karamellmasse schmelzen und die Glasur anschließend etwas abkühlen lassen.

Alufolie unter die Kuchen legen und auf jeden Boden Karamellmasse träufeln, sie darf zu den Seiten hin verlaufen. Dann einen Boden auf eine Kuchenplatte legen, die Hälfte der Sahne daraufstreichen, den zweiten Boden darauflegen und auch diesen mit Sahne bestreichen. Schließlich den glasierten Boden als Abschluss darauflegen und mit frischen Blumen dekorieren. Vorsicht: Ganze Blumen nur zu Dekozwecken verwenden! Sie sind nicht essbar (die Stiele und Innenteile der Blüte sind oft bitter) und müssen vor dem Anschneiden der Torte entfernt werden.

Die Torte bis zum Verzehr kühl stellen, am besten am gleichen Tag servieren. Im Kühlschrank lässt sie sich bis zu 2 Tage aufbewahren.

Einfache Petits fours

Petits fours werfen sich normalerweise komplett in eine glänzende Schale aus Zuckerguss. Dagegen zeigen sich diese von ihrer natürlichen Seite – verhüllt von einem fast unsichtbaren Überzug, der Boden und Creme voll zur Geltung bringt. Das Dekor aus kandierten Blüten macht daraus edle kleine Köstlichkeiten zum Nachmittagstee. Der Veilchenlikör kann zum Beispiel durch Orangenlikör ersetzt werden.

1 Grundteig aus 2 Eiern (Rezept siehe Seite 9)

FÜR DIE CREMEFÜLLUNG

300 g Puderzucker

30 g weiche Butter

1–2 EL Milch (nach Bedarf)

FÜR DIE FONDANTGLASUR

280 g Fondant

90 ml Veilchenlikör

kandierte Blüten oder -blätter, wie von Veilchen, zum Dekorieren

essbarer Glitzerpuder (nach Belieben)

1 quadratische Kuchenform (20 x 20 cm), gefettet und mit Backpapier belegt

Für 16 Stück

Den Backofen auf 180 °C vorheizen.

Den Teig in die Form füllen und 20–25 Minuten backen, bis er auf sanften Druck nicht mehr nachgibt. Oder die Garprobe machen: dazu ein Holzstäbchen in die Teigmitte stechen. Haftet nichts am Stäbchen, ist der Kuchen gar. Kurz in der Form und dann auf einem Kuchengitter abkühlen lassen.

Für die Creme Puderzucker und Butter zu einer weichen, dicken Masse schlagen. Etwas Milch unterrühren, falls die Creme zu fest ist.

Den Kuchen mit einem langen Sägemesser quer halbieren. Die untere Hälfte auf eine Platte setzen, die in den Kühlschrank passt. Den Boden mit 40 ml Likör beträufeln und mit einer dünnen Schicht Creme bestreichen. Die andere Kuchenhälfte daraufsetzen und auch diese dünn mit Creme bestreichen. Das Ganze anschließend 2 Stunden im Kühlschrank fest werden lassen. Die Kuchenränder entfernen und die Torte in 16 gleichmäßige Quadrate schneiden.

Für die Glasur Fondant und den restlichen Likör erhitzen. Nach und nach etwa 100 ml Wasser zugießen, bis die Glasur fast flüssig und leicht durchsichtig ist.

Die Teilchen auf Alufolie legen, mithilfe eines Löffels vollständig mit warmem Zuckerguss überziehen. Sie können auch komplett in die – nicht zu heiße – Glasur getaucht werden. Dann auf einem Kuchengitter trocknen lassen.

Die Petits fours mit kandierten Blüten oder -blättern dekorieren und nach Belieben mit Glitzerpuder bestäuben.

Das Gebäck hält sich luftdicht verschlossen bis zu 2 Tage.

Schoko-Pfefferminz-Rolle

Diese elegante Biskuitrolle ist zwar nur mit Kakaopulver bestäubt und mit kandierten Minzeblättern verziert – ergibt aber ein richtig attraktives Dessert!

ZUM KANDIEREN DER MINZEBLÄTTER

frische Minzeblätter

1 Eiweiß

Feinstzucker, zum Bestäuben

FÜR DEN TEIG

150 ml Milch

40 g Mehl, gesiebt

½ TL Backpulver

5 Eier, getrennt

100 g Feinstzucker

100 g Zartbitterschokolade mit Pfefferminzaroma, geschmolzen

Puderzucker und ungezuckertes Kakaopulver, zum Bestäuben

350 g Crème double

1 Backpinsel

1 Backblech, mit Silikonmatte oder Backpapier belegt

1 Backblech (38 x 28 cm), gefettet und mit Backpapier belegt

Für 6–8 Portionen

Als Erstes die Blätter vorbereiten, da sie über Nacht trocknen müssen. Dazu das Eiweiß schaumig schlagen und damit die Blätter von beiden Seiten bepinseln. Anschließend mit Zucker bestreuen, sodass das ganze Blatt mit einer dünnen Schicht überzogen ist. Es empfiehlt sich, den Zucker direkt auf die Blätter herabrieseln zu lassen und einen Teller darunterzustellen. Die Blätter auf einem Backblech an einem warmen Ort über Nacht trocknen lassen. Dann bis zur Weiterverwendung luftdicht verschlossen aufbewahren.

Den Backofen auf 200 °C vorheizen.

Für den Biskuitteig Milch, Mehl und Backpulver in einem Topf bei geringer Hitze mit dem Schneebesen verrühren. Eigelbe und Zucker in einer großen Rührschüssel schaumig schlagen. Zuerst die Mehl-Mischung unterziehen, dann die Schokolade.

In einer separaten Rührschüssel die Eiweiße steif schlagen. Portionsweise unter den Biskuitteig ziehen. Teig auf das Backblech geben und gleichmäßig verstreichen. 8–12 Minuten backen, bis der Teig auf sanften Druck nicht mehr nachgibt.

Ein Stück Backpapier – etwas größer als das Backblech – auf die Arbeitsfläche legen und mit Puderzucker und Kakao bestäuben. Den Biskuitboden daraufstürzen. Dann das Papier, das zum Backen verwendet wurde, abziehen und entfernen. Teig mithilfe der Backpapierunterlage aufrollen, sodass diese sich in der Rolle befindet. Abkühlen lassen.

Kurz vor dem Servieren Crème double steif schlagen. Den Biskuit vorsichtig entrollen, Papier entfernen. Crème double auf den Boden streichen. Den Kuchen wieder aufrollen und auf eine Platte legen. Mit Kakaopulver bestäuben und mit Minzeblättern dekorieren.

Die Rolle bis zum Verzehr kühl stellen, am besten am Tag der Zubereitung servieren. Im Kühlschrank lässt sie sich bis zu 2 Tage aufbewahren.

Kokosnuss-Engelkuchen mit Himbeeren

Der Engelkuchen besteht aus einem zartweißen Teig, da er ganz ohne Eigelb auskommt. Traditionell wird dieser amerikanische Kuchen in einer entsprechenden Ringform mit geraden Seitenwänden und einem „Schornstein" in der Mitte gebacken. Alternativ eignet sich auch eine Frankfurter-Kranz-Form. Diese Variante wird mit einer Kokosnussglasur bedeckt und mit frischen Himbeeren garniert.

FÜR DEN TEIG

140 g Mehl

100 g Puderzucker

8 Eiweiße

100 g Feinstzucker

1 Prise Salz

1 TL Weinsteinbackpulver

80 g gezuckerte Kokosnussstreifen oder ungezuckerte Kokosraspel

FÜR DIE GLASUR

30 g Kokosnusscreme

150 g Puderzucker

FÜR DIE DEKORATION

30 g Kokosnussstreifen oder frisch geraspelte Kokosspäne

300 g Himbeeren

Puderzucker, zum Bestäuben

1 Engelkuchen-Backform oder Frankfurter-Kranz-Form (25 cm Durchmesser), gefettet

Für 8 Portionen

Mehl und Puderzucker sieben, beiseitestellen. Die Eiweiße in einer großen Rührschüssel steif schlagen. Dabei den Zucker löffelweise einrieseln lassen. Salz und Backpulver zugeben. Dann die Mehl-Zucker-Mischung und die Kokosnussstreifen mit einem Teigschaber unterheben. Den Teig in die Form füllen und 30–35 Minuten backen, bis er auf sanften Druck nicht mehr nachgibt. Oder die Garprobe machen: dazu ein Holzstäbchen in die Teigmitte stechen. Haftet nichts am Stäbchen, ist der Kuchen gar. Den Kuchen mit einem scharfen Messer vom Rand der Form lösen und auf einem Kuchengitter auskühlen lassen.

Für die Glasur Kokosnusscreme und Puderzucker zu einer geschmeidigen Creme verrühren und den Kuchen damit bestreichen.

Für die Dekoration die Kokosnussstreifen in einer Pfanne ohne Fett bei geringer Hitze leicht anrösten. Vorsicht: Sie brennen schnell an! Sobald sie Farbe angenommen haben, sofort aus der Pfanne nehmen.

Kuchen mit Kokosnussstreifen und Himbeeren verzieren und mit Puderzucker bestäuben. Den Kuchen am besten am Tag der Zubereitung servieren.

Einfacher Battenberg-Kuchen

Ich mag den Kuchen wegen seiner hübschen Quadrate aus gelbem und rosa Rührteig. Traditionell umgibt ihn eine Hülle aus Marzipan. Da das nicht jedermanns Geschmack ist, trägt diese „natürliche" Variante stattdessen einen Überzug aus Mandelcreme und gerösteten Mandeln. Bei meinen Gästen hat sie großen Anklang gefunden. In England gibt es spezielle Battenberg-Kuchenformen, die in vier gleich große Rechtecke aufgeteilt sind. Man kann aber auch zwei gleich große Kastenformen verwenden und darin verschiedenfarbige Teige backen. Danach halbieren Sie jeden Kuchen und bekommen auf diese Weise ebenfalls vier gleiche Rechtecke.

1 TL gemahlene Bourbon-Vanille

1 Grundteig aus 2 Eiern (Rezept siehe Seite 9)

rosa Lebensmittelfarbe

FÜR DIE MANDELCREME

115 g Puderzucker, gesiebt

1 EL weiche Butter

1 EL helles Mandelmus

etwas Milch (nach Bedarf)

100 g geröstete Mandelblättchen, fein gehackt

1 Battenberg-Kuchenform (20 x 15 cm) oder 2 Kastenformen (20 x 8 cm), gefettet und mit Backpapier belegt

Frischhaltefolie

Für 8 Portionen

Den Backofen auf 180 °C vorheizen.

Die Vanille unter den Teig mischen und diesen gleichmäßig auf zwei kleine Schüsseln verteilen. Eine Masse rosa färben. Die zwei Teige auf die Fächer (falls vorhanden) in der Kuchenform so aufteilen, dass zwei helle und zwei rosa Rechtecke entstehen. (Bei Kastenformen den rosa Teig in eine und den hellen in die andere Form füllen.) Kuchen 20–25 Minuten backen, bis er auf sanften Druck nicht mehr nachgibt. Oder die Garprobe machen: dazu ein Holzstäbchen in die Teigmitte stechen. Haftet nichts am Stäbchen, ist der Kuchen gar. Die Kuchen in den Formen abkühlen lassen und vorsichtig auf ein Kuchengitter geben. Falls nötig, die Kuchen in Form schneiden (sollte ein Teil stärker als das andere aufgegangen sein), um vier gleich große Rechtecke zu erhalten.

Für die Creme Puderzucker, Butter und Mandelmus mit dem Handrührgerät zu einer geschmeidigen Masse schlagen. Falls die Konsistenz zu fest ist, etwas Milch unterrühren.

Etwas Creme mit einer Streichpalette auf einem rosa Rechteck verstreichen und ein helles Kuchenteil daraufsetzen. Den Vorgang mit den beiden anderen Rechtecken wiederholen, dabei den hellen Kuchen unten platzieren. Die Seite des ersten Kuchenpaares mit etwas Creme bestreichen und das zweite Paar anfügen. Damit liegen die rosa- und hellen Quadrate jeweils diagonal einander gegenüber. Dann den Kuchen außen mit einer dünnen Cremeschicht überziehen. Vorsicht: Der Kuchen zerfällt sehr leicht! Die gehackten Mandeln auf einer Platte verteilen. Den Kuchen vorsichtig darin wälzen und die Mandeln leicht an die Creme andrücken. Danach den Kuchen in Frischhaltefolie wickeln und etwa 2 Stunden kühl stellen, damit die Creme fest wird. Die Folie entfernen und den Kuchen auf eine Servierplatte setzen.

Luftdicht verschlossen lässt er sich bis zu 2 Tage aufbewahren.

Klassische Brownies

Die üppigen Schoko-Brownies sind unwiderstehlich, noch dazu, wenn sie wie hier auf einen Tortenständer gestapelt und fruchtig-blumig dekoriert sind.

FÜR DEN TEIG

250 g Butter

350 g Zartbitterschokolade, gehackt

5 Eier

200 g Feinstzucker

200 g Rohrohrzucker

200 g Mehl, gesiebt

200 g weiße Schokolade, gehackt

1 EL Rosensirup

FÜR DIE DEKORATION

ungezuckertes Kakaopulver, zum Bestäuben

gefriergetrocknete Himbeer- und Erdbeerstücke oder essbare, getrocknete Blütenblätter

1 rechteckige Backform (38 x 28 cm), gefettet und mit Backpapier belegt

Für 24 Stück

Butter und Schokolade in eine Schüssel geben und diese in einen Topf mit leicht kochendem Wasser setzen. Das Ganze unter gelegentlichem Rühren schmelzen lassen, bis eine weiche, glänzende Creme entsteht. Wer nicht viel Zeit hat, stellt das Ganze in die Mikrowelle und erhitzt es 40 Sekunden auf höchster Stufe. Kurz umrühren und weitere 20–30 Sekunden erhitzen, bis alles vollständig geschmolzen ist. Die Creme dann abkühlen lassen.

Den Backofen auf 180 °C vorheizen.

Die Eier und die beiden Zuckersorten in einer großen Rührschüssel zu einer dicken Creme mit doppeltem Volumen aufschlagen. Die Schokocreme zugeben und weiterrühren. Mehl, weiße Schokolade und Sirup vorsichtig mit einem Teigschaber unterziehen. Den Teig in die Backform füllen. Kuchen 30–35 Minuten backen, bis sich oben eine Kruste gebildet hat. Darunter darf er noch etwas weich sein. Kuchen in der Form vollständig abkühlen lassen, herausnehmen und dann in 24 Quadrate schneiden.

Die Brownies mit Kakaopulver bestäuben und mit Fruchtstückchen oder Blütenblättern dekorieren. Die Teilchen zum Servieren auf einen Tortenständer oder eine Kuchenplatte schichten.

Das Gebäck lässt sich luftdicht verschlossen bis zu 5 Tage aufbewahren.

Salziger Honigkuchen

Einer meiner Lieblingskuchen aus der Konditorei Four and Twenty Blackbirds in New York hat mich zu dieser Variante inspiriert. Ich liebe die Kombination von Salz und Honig. Das aromatische Vanillesalz schmeckt einfach umwerfend im Gebäck. Wenn Sie es selbst machen wollen, füllen Sie ein Glas mit Meersalzflocken und dem Mark einiger Vanilleschoten (und den Schoten selbst), schütteln es kräftig, damit sich alles gut vermischt, und lassen es einige Wochen stehen.

2 EL flüssiger Honig

1 Prise Vanillesalz (oder Meersalz mit etwas gemahlener Bourbon-Vanille gemischt)

1 Grundteig aus 5 Eiern (Rezept siehe Seite 9)

FÜR DIE HONIGGLASUR

2 EL flüssiger Honig

50 g Butter

1 Prise Vanillesalz (oder Meersalz mit etwas gemahlener Bourbon-Vanille gemischt)

1 Napfkuchenform (26 cm Durchmesser), gefettet

Für 10 Portionen

Den Backofen auf 180 °C vorheizen.

Honig und Vanillesalz unter den Teig mischen und Masse in die Backform füllen. Kuchen 45–60 Minuten backen, bis er auf sanften Druck nicht mehr nachgibt. Oder die Garprobe machen: dazu ein Holzstäbchen in die Teigmitte stechen. Haftet nichts am Stäbchen, ist der Kuchen gar. Kuchen in der Form abkühlen lassen, mit einem Messer vorsichtig vom Mittelring lösen und auf ein Gitter stürzen.

Für die Glasur Honig und Butter in einen Topf geben und bei geringer Hitze erwärmen, bis die Butter schmilzt. Vanillesalz untermischen. Glasur über den Kuchen träufeln, vor dem Servieren fest werden lassen.

Der Kuchen lässt sich luftdicht verschlossen bis zu 2 Tage aufbewahren.

Doppelstöckiger Käsekuchen

Dieser Kuchen ist zwar ganz schlicht, aber die aufgetürmten frischen Beeren und Blüten machen ihn zum Blickfang. Man kann ihn sich gut als alternativen Hochzeitskuchen vorstellen. Die Käsekuchencreme kann nach Belieben noch mit Zitronenschale, Schoko-Chips oder rumgetränkten Rosinen aromatisiert werden.

FÜR DEN BODEN

400 g Vollkorn-Butterkekse

200 g Butter, zerlassen

FÜR DIE CREME

750 g Crème fraîche

5 Eier

200 g Feinstzucker

800 g Frischkäse

3 EL Mehl, gesiebt

1 Vanilleschote

FÜR DIE DEKORATION

frische Beeren und essbare Erdbeerblätter und -blüten

Puderzucker, zum Bestäuben

2 Springformen (18 cm und 26 cm Durchmesser), gefettet und mit Backpapier belegt

großer Bräter

Für 15 Portionen

Den Backofen auf 170 °C vorheizen.

Die Kekse in der Küchenmaschine fein zerkrümeln oder in einem Gefrierbeutel mit einer Teigrolle zerdrücken. In eine Rührschüssel füllen und Butter untermischen. Die Masse mit dem Löffelrücken auf den Böden der Springformen andrücken. Die Formen unten und an den Außenseiten mit einigen Lagen Alufolie umwickeln und in den großen Bräter stellen. Dann bis auf halbe Höhe der Springformwände Wasser in den Bräter gießen.

Für die Creme Crème fraîche, Eier, Zucker, Frischkäse und Mehl gründlich verrühren. Die Vanilleschote mit einem scharfen Messer der Länge nach einschneiden, das Mark herausschaben und unter die Creme mischen. Gründlich verrühren.

Die Creme in die Backformen füllen, etwa zwei Drittel in die große Form und ein Drittel in die kleinere. Bräter in den Ofen stellen und die Kuchen 60–75 Minuten garen; sie dürfen nicht zu braun werden, gegebenenfalls mit Alufolie abdecken. Backformen aus dem Wasserbad nehmen und Kuchen in den Formen abkühlen lassen. Danach mindestens 3 Stunden, noch besser über Nacht kühl stellen.

Zum Servieren die Kuchen aus den Backformen lösen und den großen Boden auf eine Platte setzen. Den kleinen Käsekuchen vorsichtig in der Mitte platzieren. Alles mit Beeren und Blüten dekorieren und kurz vor dem Anschneiden leicht mit Puderzucker bestäuben.

Der Käsekuchen lässt sich bis zu 3 Tage im Kühlschrank aufbewahren.

Klassische Eleganz

Fähnchentorte

Ich gestehe, dass ich Fähnchen liebe – sie sind in fast allen Zimmern meines Landhauses zu finden und flattern in meinem Garten. Deshalb gehört dieses Rezept hier auch zu meinen Favoriten. Die Wimpel, aus farbigem Dekopapier oder -stoff, verleihen der Torte einen ganz besonderen Reiz. Sie kann nach Belieben größer und mehrschichtig auch als Hochzeitstorte gebacken werden.

½ TL gemahlene Bourbon-Vanille

1 Grundteig aus 6 Eiern (Rezept siehe Seite 9)

225 g Schlagsahne oder 300 g geschlagene Crème double

4 EL Erdbeerkonfitüre

Puderzucker, zum Bestäuben

essbare Blüten, wie Nelken, zum Dekorieren

3 Springformen (20 cm Durchmesser), gefettet und mit Backpapier belegt

Dekostoff oder -papier

Nadel und Faden

2 lange Holzstäbchen

Für 12 Portionen

Den Backofen auf 180 °C vorheizen.

Die Vanille unter den Teig mischen und diesen gleichmäßig auf die Backformen verteilen. Die Böden 25–30 Minuten goldbraun backen, bis die Oberfläche auf sanften Druck nicht mehr nachgibt. Oder die Garprobe machen: dazu ein Holzstäbchen in die Teigmitte stechen. Haftet nichts am Stäbchen, sind die Böden gar. Kurz in den Formen und dann auf einem Kuchengitter abkühlen lassen.

Kleine Dreiecke aus Stoff oder Papier zuschneiden und mit einer Nadel auf den Faden aufziehen, damit sie wie Wimpel herabhängen. Den Faden an den Stäbchen festknoten.

Kurz vor dem Servieren einen Boden auf eine Kuchenplatte oder Tortenständer setzen. Die Hälfte der Schlagsahne darauf verteilen und 2 Esslöffel Konfitüre darüberstreichen. Den zweiten Boden darauflegen und die restliche Sahne und Konfitüre daraufgeben. Den dritten Boden darauflegen und Puderzucker darüberstäuben. Die Stäbchen in den Kuchen stecken. Zum Schluss die frischen Blumen auf der Torte anordnen. Sie dienen nur als Dekoration und sollten vor dem Anschneiden des Kuchens entfernt werden.

Torte bis zum Verzehr kühl stellen, am besten am Tag der Zubereitung servieren. Im Kühlschrank lässt sie sich bis zu 2 Tage aufbewahren.

Earl-Grey-Teekuchen

Gibt es etwas Besseres als eine Tasse dampfend heißen Earl-Grey-Tee mit den erfrischenden Zitrusaromen der Bergamotte? Darin werden auch die Sultaninen für diesen Kuchen getränkt. Auch zu Ihrem Lieblingstee schmeckt er sicher herrlich. Nach Belieben können Sie noch getrocknete Kornblumenblätter in den Teig geben.

1 Beutel Earl-Grey-Tee
1 EL Honig
300 g Sultaninen

80 g Feinstzucker
2 Eier
abgeriebene Schale von 1 unbehandelten Zitrone
280 g Mehl, gesiebt
3 TL Backpulver
1 EL getrocknete Blütenblätter von Kornblumen (nach Belieben)

Puderzucker, zum Bestäuben

1 Springform (23 cm Durchmesser), gefettet und mit Backpapier belegt
Tortenspitze

Für 8 Portionen

Zum Einweichen der Sultaninen den Teebeutel 2–3 Minuten in 250 ml kochendem Wasser ziehen lassen. Den Beutel herausnehmen und den Honig mit den Sultaninen in den Tee geben. Früchte 2–3 Stunden darin einweichen, dann abgießen. Den Tee beiseitestellen, er wird später für den Kuchenteig verwendet.

Den Backofen auf 180 °C vorheizen.

Zucker und Eier mit dem Handrührgerät schaumig schlagen. Sultaninen, Zitronenschale, Mehl, Backpulver und nach Belieben Blütenblätter untermischen. Den Tee unter ständigem Rühren zugießen und gründlich untermischen. Den Teig in die Form füllen und 45–60 Minuten backen, bis er auf sanften Druck nicht mehr nachgibt. Oder die Garprobe machen: dazu ein Holzstäbchen in die Teigmitte stechen. Haftet nichts am Stäbchen, ist der Kuchen gar. Kurz in der Form abkühlen lassen, dann auf ein Kuchengitter stürzen. Der Kuchen kann auch noch warm serviert werden.

Vor dem Servieren eine Tortenspitze auf den Kuchen legen und Puderzucker darüberstäuben, sodass ein dekoratives Muster entsteht.

Der Kuchen lässt sich luftdicht verschlossen bis zu 3 Tage aufbewahren.

Blumen-Mini-Kuchen

Die Mini-Kuchen sind zwar nur mit Vanille aromatisiert und mit Zucker bestreut. Aber so bezaubernd wie sie auf dem Tortenständer arrangiert und mit frischen Blüten dekoriert sind, könnten sie eine perfekte Hochzeitstorte abgeben. Die Stückzahl kann beliebig variiert werden. Der Teig lässt sich auch mit Zitronenschale oder Rosenwasser statt Vanille verfeinern. Wenn Sie nicht über die große Anzahl an Timbaleförmchen verfügen, können Sie den Teig auch portionsweise backen. Die Formen müssen dann nach jedem Backvorgang abgespült und neu gefettet werden.

1 TL gemahlene Bourbon-Vanille

1 Grundteig aus 6 Eiern (Rezept siehe Seite 9)

Puderzucker, zum Bestäuben

essbare Blumen oder kandierte Blüten, zum Dekorieren

24 Timbaleformen, gefettet und auf ein Backblech gesetzt

1 Spritzbeutel mit großer runder Tülle (nach Belieben)

Für 24 Stück

Den Backofen auf 180 °C vorheizen.

Die Vanille unter den Teig mischen. Diesen mit einem Spritzbeutel oder einem kleinen Löffel in die Timbaleformen füllen. Die Mini-Kuchen 20–30 Minuten backen, bis die Oberfläche auf sanften Druck nicht mehr nachgibt. Kuchen kurz in den Formen abkühlen lassen, dann mit einem Messer vom Rand lösen und auf ein Kuchengitter stürzen.

Die Kuchen oben und seitlich großzügig mit Puderzucker bestäuben und mit einer frischen Blüte verzieren. Ganze Blumen vor dem Anschneiden entfernen, da die Stiele bitter schmecken können! Sie dienen nur als Dekoration. Alternativ eignen sich kandierte Blüten.

Diese Mini-Kuchen lassen sich luftdicht verschlossen bis zu 2 Tage aufbewahren.

Makronentorte

Die Torte mit einer Füllung aus frischen Beeren und einer Mandelmakronen-Dekoration wäre auch im Schaufenster einer französischen Patisserie eine Attraktion.

FÜR DIE MAKRONEN

130 g Mandeln

180 g Puderzucker

3 Eiweiße

80 g Feinstzucker und 1 EL extra

rosa Lebensmittelfarbpaste

1 Grundteig aus 6 Eiern (Rezept siehe Seite 9)

rosa Lebensmittelfarbpaste

FÜR DIE FÜLLUNG

450 g Schlagsahne oder 600 g geschlagene Crème double

300 g Erdbeeren, in Scheiben geschnitten

2 EL Erdbeerkonfitüre oder -gelee

300 g Himbeeren

2 EL Himbeerkonfitüre oder -gelee

Puderzucker, zum Bestäuben

frische Blätter, wie von Minze oder Lorbeer, zum Dekorieren

1 Spritzbeutel mit großer, runder Tülle

2 Backbleche, mit Silikonmatten belegt

3 Springformen (20 cm Durchmesser), gefettet und mit Backpapier belegt

Für 12 Portionen

Als Erstes die Makronen vorbereiten. Dazu Mandeln mit Puderzucker sehr fein mahlen, dann in eine Schüssel sieben. Alle Mandelteilchen, die im Sieb hängen bleiben, erneut mahlen und sieben.

Die Eiweiße steif schlagen. Den Zucker löffelweise einrieseln lassen und weiterschlagen, bis eine glänzende Masse entsteht. Die Farbe zugeben und das Mandelpulver portionsweise unterrühren. Dadurch wird die Farbe gleichmäßig verteilt. Es ist wichtig, dass die Baisermasse die richtige Konsistenz hat. Dazu muss sie geschlagen werden, bis sich keine Spitzen mehr bilden. Zur Kontrolle etwas davon auf einen Teller geben, die Masse muss glatt verlaufen.

Die Baisermasse in den Spritzbeutel füllen und Tupfen (3 cm Durchmesser) in genügend großem Abstand auf die Backbleche spritzen. Die Makronen 1 Stunde auf den Blechen ruhen lassen, bis sich eine Haut bildet. Inzwischen den Backofen auf 160 °C vorheizen.

Die Makronen 20–30 Minuten backen, bis sie fest sind. Aus dem Ofen nehmen und auf den Blechen abkühlen lassen. Backofentemperatur auf 180 °C erhöhen.

Ein Drittel des Rührteigs in eine der Kuchenformen geben. Den Rest auf zwei Schüsseln verteilen. Einen Teig blass- und einen dunkelrosa färben, dann in die zwei übrigen Formen füllen. 25–30 Minuten backen, bis die Oberfläche auf sanften Druck nicht mehr nachgibt. Oder die Garprobe machen: dazu ein Holzstäbchen in die Teigmitte stechen. Haftet nichts am Stäbchen, sind die Kuchen gar. Kurz in den Formen abkühlen lassen und dann auf ein Kuchengitter stürzen.

Die Ränder der Kuchenböden nach Belieben entfernen, damit der gefärbte Teig sichtbar wird. Den dunkelrosa Boden auf eine Kuchenplatte legen und dick mit Schlagsahne bestreichen. Mit Erdbeeren belegen und mit Erdbeerkonfitüre beträufeln. Den blassrosa Boden daraufsetzen. Die Sahne (eine kleine Menge zurückbehalten), den Großteil der Himbeeren und Himbeerkonfitüre übereinanderschichten. Kuchen mit dem dritten Boden abdecken und mit Puderzucker bestäuben.

Einen Teil der Makronen mit Sahne bestreichen und zu 8–10 Paaren zusammenfügen. (Die übrigen für den späteren Verzehr aufbewahren.)

Die Torte mit Makronen, Himbeeren und Blättern dekorieren. Bis zum Verzehr kühl stellen, am besten am Tag der Zubereitung servieren. Im Kühlschrank lässt sie sich bis zu 2 Tage aufbewahren.

Torte mit kandierten Blüten

Sie ist eine meiner Lieblingstorten – schlicht und doch elegant. Für mich hat sie etwas Klassisches, und ich bin überzeugt, sie hätte in viktorianischer Zeit zum Nachmittagstee gepasst. Zum Dekorieren eignen sich nicht nur Veilchen, Primeln, Blüten und Blätter der Zitronenverbene, sondern auch Stiefmütterchen und Minzeblätter.

FÜR DIE KANDIERTEN BLÜTEN

1 Eiweiß

essbare Blüten, wie von Stiefmütterchen, Veilchen oder Zitronenverbene (oder essbare Blätter, wie von Minze oder Zitronenverbene)

Feinstzucker, zum Bestreuen

abgeriebene Schale und Saft von 1 unbehandelten Orange

1 Grundteig aus 5 Eiern (Rezept siehe Seite 9)

FÜR DIE FÜLLUNG

225 g Schlagsahne oder 300 g geschlagene Crème double

2 EL schwarze Johannisbeerkonfitüre oder -gelee

Puderzucker, zum Bestäuben

40 g weiße Schokolade, geschmolzen

1 Backpinsel

1 Backblech, mit Silikonmatte oder Backpapier belegt

2 Springformen (20 cm Durchmesser), gefettet und mit Backpapier belegt

Für 8 Portionen

Als Erstes die Blüten kandieren, da sie über Nacht trocknen müssen. Dazu das Eiweiß schaumig schlagen und mit dem Pinsel sorgfältig auf beide Seiten von Blüten oder Blättern auftragen. Anschließend mit Zucker bestreuen, sodass das ganze Blatt oder die Blüte mit einer dünnen Zuckerschicht überzogen ist. Es empfiehlt sich, den Zucker direkt auf die Blüten herabrieseln zu lassen und einen Teller darunterzustellen. Die Blüten und Blätter auf einem Backblech an einem warmen Ort über Nacht trocknen lassen. Danach bis zum Servieren des Kuchens luftdicht verschlossen aufbewahren.

Den Backofen auf 180 °C vorheizen.

Orangenschale und -saft unter den Teig mischen und diesen gleichmäßig auf die Formen verteilen. Die Böden 25–30 Minuten backen, bis die Oberfläche auf sanften Druck nicht mehr nachgibt. Oder die Garprobe machen: dazu ein Holzstäbchen in die Teigmitte stechen. Haftet nichts am Stäbchen, sind die Böden gar. Kurz in der Form abkühlen lassen und zum vollständigen Auskühlen auf ein Kuchengitter stürzen.

Dann einen Boden auf einen Kuchenständer legen, großzügig mit Sahne bestreichen, Konfitüre darüberträufeln und mit einem Messer glatt streichen. Den zweiten Boden darauflegen und mit Puderzucker bestäuben. Zum Schluss die kandierten Blüten und Blätter dekorativ darauf anordnen und mit je einem Tupfer weißer Schokolade fixieren.

Die Torte bis zum Verzehr kühl stellen, am besten am Tag der Zubereitung servieren. Im Kühlschrank lässt sie sich bis zu 2 Tage aufbewahren.

Kuchen mit Rosen und Veilchen

Bei meiner Großmutter habe ich früher oft mit Rosen- und Veilchen-Creme gefüllte Pralinen gegessen. Es waren ihre Lieblingssorten, und im Laufe der Zeit sind es auch meine geworden. Sie haben mich zu diesem Kuchen mit violetter Ganache und kandierten Blüten inspiriert. Da er sehr gehaltvoll ist, sind die Stücke klein portioniert.

1 EL Rosenwasser

1 Grundteig aus 4 Eiern (Rezept siehe Seite 9)

kandierte Blütenblätter von Rosen und Veilchen, zum Dekorieren

FÜR DIE VIOLETTE GANACHE

2 Eier

375 g Crème double

125 ml Milch

300 g Zartbitterschokolade (mindestens 70 % Kakaoanteil)

60 ml Veilchenlikör

1 Springform (23 cm Durchmesser), gefettet und mit Backpapier belegt

Für 12 Portionen

Den Backofen auf 180 °C vorheizen.

Das Rosenwasser unter den Teig mischen und diesen in die Form füllen. Teig 25–30 Minuten backen, bis die Oberfläche auf sanften Druck nicht mehr nachgibt. Oder die Garprobe machen: dazu ein Holzstäbchen in die Teigmitte stechen. Haftet nichts am Stäbchen, ist der Kuchen gar. In der Form abkühlen lassen.

Für die Ganache Eier, Crème double und Milch mit dem Handrührgerät cremig schlagen. Die Schokolade in kleine Stücke teilen und mit der Eiercreme und dem Likör in einen Topf geben. 4–5 Minuten bei geringer Hitze unter ständigem Rühren erwärmen, bis die Schokolade geschmolzen und die Ganache dickflüssig und glänzend ist. Ganache auf dem Kuchen verteilen, glattstreichen und einige Stunden im Kühlschrank fest werden lassen. Den Boden und die Seiten der Backform mit Alufolie verkleiden, damit die Ganache nicht aus der Form läuft.

Vor dem Servieren den Kuchen mit einem scharfen Messer vom Rand der Form lösen, um den Ring abheben zu können. Den Kuchen auf eine Servierplatte setzen und mit kandierten Rosen- und Veilchenblättern bestreuen. Aus Veilchenblättern und einer kleinen kandierten Rose lassen sich auch aparte Muster in der Kuchenmitte kreieren.

Der Kuchen sollte am besten am Tag der Zubereitung verzehrt werden. Die Blütenblätter erst kurz vor dem Servieren auflegen.

Sommerblumen-Gugelhupf

Für einen beeindruckenden Kuchen braucht man oft nur eine dekorative Backform. Hier hebt der Puderzucker die reizvolle Reliefstruktur der Form zusätzlich hervor.

FÜR DEN TEIG

1 gehäufter EL Lemon Curd (Zitronencreme, Fertigprodukt)

abgeriebene Schale von 2 unbehandelten Zitronen

1 Grundteig aus 5 Eiern (Rezept siehe Seite 9)

FÜR DEN SIRUP

Saft von 2 Zitronen

2 EL Puderzucker

FÜR DIE DEKORATION

Puderzucker, zum Bestäuben

1 große essbare Blüte, wie von einer Chrysantheme

1 Gugelhupfform (25 cm Durchmesser), gefettet

Für 10 Portionen

Den Backofen auf 180 °C vorheizen.

Lemon Curd und Zitronenschale unter den Teig mischen und diesen in die Form füllen. Kuchen 40–50 Minuten backen, bis er auf sanften Druck nicht mehr nachgibt. Oder die Garprobe machen: dazu ein Holzstäbchen in die Teigmitte stechen. Haftet nichts am Stäbchen, ist der Kuchen gar. In der Form vollständig auskühlen lassen. Dann den Kuchen vorsichtig aus der Form lösen (eventuell mit einem Messer am Innenring nachhelfen). Einen Kuchenteller umgekehrt auf die Form legen und den Gugelhupf darauf stürzen.

Zitronensaft und Puderzucker in einem Topf bei geringer Hitze erwärmen, bis sich der Zucker aufgelöst hat. Den Zitronensirup über den Kuchen träufeln.

Den Gugelhupf kurz vor dem Servieren mit Puderzucker bestäuben und mit einer großen Blüte dekorieren. Sie sollte jedoch vor dem Anschneiden entfernt werden!

Der Kuchen lässt sich luftdicht verschlossen bis zu 3 Tage aufbewahren.

Limetten-Charlotte

Eine klassische Charlotte, verziert mit einem hübschen Band und verlockend schimmernden Beeren, ergibt ein köstliches Dessert für ein Sommeressen. Diese ist mit einer fruchtigen Limettencreme gefüllt, auf der sich saftige Beeren türmen.

abgeriebene Schale von 2 unbehandelten Limetten

1 Grundteig aus 2 Eiern (Rezept siehe Seite 9)

FÜR DIE LIMETTENCREME

Saft von 3 Limetten

abgeriebene Schale von 1 unbehandelten Limette

300 g Frischkäse

200 g gezuckerte Kondensmilch

200 g Löffelbiskuit

300 g Erdbeeren

Puderzucker, zum Bestäuben

1 Springform mit hohem Rand (16 cm Durchmesser), gefettet und mit Backpapier belegt

Dekoband

Für 8 Portionen

Den Backofen auf 180 °C vorheizen.

Die Limettenschale unter den Teig mischen, diesen in die Form füllen. 25–30 Minuten backen, bis er auf sanften Druck nicht mehr nachgibt. Oder die Garprobe machen: dazu ein Holzstäbchen in die Teigmitte stechen. Haftet nichts am Stäbchen, ist der Kuchen gar. In der Form abkühlen lassen.

Für die Creme Limettensaft und -schale mit Frischkäse und Kondensmilch mit dem Handrührgerät dickcremig schlagen. Die Creme auf dem Kuchen (in der Form) verteilen und mindestens 3 Stunden im Kühlschrank fest werden lassen.

Kurz vor dem Servieren den Kuchen mit einem Messer vom Rand der Form lösen, dann den Backformring abnehmen. Auch den Backformboden und das Backpapier entfernen. Anschließend den Kuchen auf einen Tortenständer setzen. Die Löffelbiskuits vorsichtig rings um den Kuchenrand anordnen und an die Creme drücken, damit sie Halt bekommen. Um den Löffelbiskuitring zusätzlich zu stabilisieren, das Dekoband anbringen.

Die Stiele an den Erdbeeren bis auf einige wenige zur Dekoration entfernen. Die Früchte auf dem Kuchen anordnen, diese mit Stiel ganz oben platzieren. Zum Schluss alles mit Puderzucker bestäuben.

Der Kuchen lässt sich im Kühlschrank bis zu 3 Tage aufbewahren, er sollte aber am besten am Tag der Zubereitung verzehrt werden, da die Löffelbiskuits schnell weich werden.

Victoria-Törtchen

Eine klassische Schichttorte wie die englische Victoria-Torte stellt immer eine Verlockung dar. Meine Version im Mini-Format ist mit Crème double und Konfitüre gefüllt und elegant mit Rosenknospen dekoriert. Die Crème double kann durch eine Buttercreme ersetzt werden, die Törtchen werden dann jedoch gehaltvoller und süßer. Die Rosenknospen dienen nur als Dekoration und sollten nicht verzehrt werden. Ansonsten verwenden Sie am besten kandierte Rosenblätter (siehe Seite 26).

1 TL gemahlene Bourbon-Vanille

1 Grundteig aus 2 Eiern (Rezept siehe Seite 9)

FÜR DIE FÜLLUNG

300 g Crème double

4 EL Himbeerkonfitüre oder -gelee

Puderzucker, zum Bestäuben

8 essbare kleine Rosenknospen, zum Dekorieren

8 Kuchenringe (6,5 cm Durchmesser), gefettet und auf ein gefettetes Backblech gesetzt

2 Spritzbeutel mit großer, runder Tülle

Für 8 Stück

Den Backofen auf 180 °C vorheizen.

Die Vanille unter den Teig mischen und die Masse gleichmäßig auf die Kuchenringe verteilen. Sie kann mit einem Löffel oder mithilfe eines Spritzbeutels in die Ringe gefüllt werden. Den Teig 15–20 Minuten backen, bis er auf sanften Druck nicht mehr nachgibt. Törtchen kurz in den Ringformen abkühlen lassen. Dann mit einem Messer die Törtchen vom Rand der Form lösen und auf ein Kuchengitter setzen.

Kurz vor dem Servieren die Crème double steif schlagen. In den zweiten Spritzbeutel mit der runden Tülle füllen. Die Törtchen mit einem Sägemesser zweimal quer durchschneiden. Jeweils etwas Konfitüre auf den unteren Boden streichen und etwas Crème double daraufspritzen. Das mittlere Törtchenstück daraufsetzen, Crème double und Konfitüre darüber verteilen. Als Abschluss den oberen Boden darauflegen und mit Puderzucker bestäuben. Einen Tupfer Crème double in die Mitte spritzen und eine Rosenknospe hineinsetzen. Die Blüten dienen nur zur Dekoration und sollten vor dem Verzehr der Törtchen entfernt werden.

Törtchen bis zum Verzehr kühl stellen, am besten frisch servieren. Im Kühlschrank lassen sie sich bis zu 2 Tage aufbewahren.

Obsttorte

Die einfache Torte, nur mit frischen Früchten und Sahne gefüllt, schmeckt am besten zur Erntezeit im Herbst. Der Hagelzucker, mit dem jede Schicht bestreut wird, verleiht der Torte eine knusprige Konsistenz. Für das Rezept eignen sich fast alle frischen Früchte – ich habe Aprikosen, Pfirsiche und Pflaumen verwendet. Natürlich kann man dafür zum Beispiel auch Äpfel, Birnen und Kirschen kombinieren.

1 Prise Vanillesalz (oder etwas gemahlene Bourbon-Vanille mit 1 Prise Salz gemischt)

1 Grundteig aus 6 Eiern (Rezept siehe Seite 9)

4 Aprikosen

5 Pflaumen

2 Pfirsiche

2 EL Hagelzucker, zum Bestreuen

FÜR DIE FÜLLUNG

4 EL Aprikosenkonfitüre

300 g Crème double

2 EL Pflaumen- oder Zwetschgenmus

3 Springformen (20 cm Durchmesser), gefettet und mit Backpapier belegt

Für 12 Portionen

Den Backofen auf 180 °C vorheizen.

Das Vanillesalz unter den Teig mischen und die Masse gleichmäßig auf die Kuchenformen verteilen.

Die Aprikosen und Pflaumen halbieren und entsteinen. Die Aprikosen mit den Schnittflächen nach unten auf den Teig einer Kuchenform und die Pflaumen in gleicher Weise auf den Teig der zweiten Form legen. Als Nächstes die Pfirsiche entsteinen, in dicke Scheiben schneiden und ringförmig auf dem Teig in der dritten Kuchenform anordnen. Jeden Teig und das Obst mit Hagelzucker bestreuen. Alle Kuchen 30–40 Minuten backen, bis sie auf sanften Druck nicht mehr nachgeben und die Früchte weich sind. Kuchen in den Formen gut abkühlen lassen.

Kurz vor dem Servieren 2 Esslöffel Aprikosenkonfitüre leicht erwärmen. Crème double steif schlagen. Den schönsten Kuchenboden als oberste Schicht auswählen. Einen der anderen Böden auf eine Kuchenplatte legen und mit etwas warmer Aprikosenkonfitüre bestreichen. Die Hälfte der Crème double darauf verteilen und kleine Tupfer Pflaumenmus daraufsetzen. Den zweiten Boden darauflegen und mit warmer Konfitüre glasieren. Die restliche Crème double darauf verstreichen und mit der nicht erwärmten Konfitüre beträufeln. Den letzten Boden darauflegen und mit der restlichen warmen Konfitüre bestreichen.

Die Torte bis zum Verzehr kühl stellen, am besten am Tag der Zubereitung servieren. Im Kühlschrank lässt sie sich bis zu 2 Tage aufbewahren.

Rustikale Kuchen

Gewürz-Birnenkuchen

Ein einfacher Kuchen mit duftenden Gewürzen und zart pochierten, mit Schokolade gefüllten Birnen, der himmlisch schmeckt – davon nimmt jeder gern noch ein zweites Stück. Die mit Karamell glasierten Birnen sind zudem äußerst dekorativ.

FÜR DIE BIRNEN

9 kleine, reife Birnen

2 EL Honig

80 ml Madeira oder süßer Sherry

Saft von 1 Zitrone

1 TL gemahlener Zimt

1 TL gemahlener Ingwer

1 TL Apfelkuchengewürz

½ TL gemahlene Bourbon-Vanille

¼ TL geriebene Muskatnuss

1 Grundteig aus 5 Eiern (Rezept siehe Seite 9)

9 Stückchen Zartbitter-schokolade

FÜR DIE KARAMELLGLASUR

100 g Feinstzucker

50 g Butter

200 g Crème double

Apfelausstecher

1 quadratische Kuchenform (25 x 25 cm), gefettet und mit Backpapier belegt

Backpinsel

Für 9 Portionen

Die Birnen nach Belieben so schälen, dass schmale Schalenstreifen auf den Früchten dekorative Muster ergeben. Ganze Früchte mit Honig, Madeira und Zitronensaft in einen Topf geben und mit ausreichend Wasser bedeckt bei geringer Hitze 15–20 Minuten sanft garen. Abtropfen lassen und in einer Schüssel mit kaltem Wasser abkühlen lassen. Dann mithilfe des Ausstechers das Kerngehäuse der Birnen von der Unterseite her entfernen. Die Stiele bleiben an den Früchten.

Den Backofen auf 180 °C vorheizen.

Zimt, Ingwer, Apfelkuchengewürz, Vanille und Muskatnuss unter den Teig mischen und die Masse in die Kuchenform füllen. Je 1 Schokoladenstückchen in die ausgehöhlten Birnen stecken und diese dann gleichmäßig verteilt mit dem Stiel nach oben auf den Teig setzen. Den Kuchen 30 Minuten backen, dann die Hitze auf 150 °C reduzieren. Weitere 30–40 Minuten backen, bis der Teig auf sanften Druck nicht mehr nachgibt. Oder die Garprobe machen: dazu ein Holzstäbchen in die Teigmitte stechen. Haftet nichts am Stäbchen, ist der Kuchen gar. Kuchen in der Form auskühlen lassen.

Für die Glasur Zucker und Butter in einem Topf bei schwacher Hitze karamellisieren lassen. Topf vom Herd nehmen, Crème double mit dem Schneebesen unterziehen. Vorsicht, die heiße Masse kann spritzen! Topf wieder auf den Herd stellen und die Masse zu einer goldbraunen Karamellmasse schlagen.

Den Kuchen auf eine Servierplatte setzen und die Glasur mit dem Pinsel darauf verstreichen. Nach Belieben kann die restliche Glasur zusätzlich als Soße serviert werden.

Der Kuchen hält sich luftdicht verschlossen (ohne Glasur) bis zu 3 Tage.

Bananen-Nuss-Brioches

Bananen-Fans werden diese Mini-Kuchen lieben. Der Teig ist mit Bananenpüree und Paranüssen verfeinert, und die Dekoration besteht aus karamellisierten Nüssen und einer dicken Karamellsoße. Schmeckt einfach himmlisch!

1 reife Banane

Saft von 1 Limette

115 g Rohrohrzucker

115 g weiche Butter

2 Eier

115 g Mehl, gesiebt

1 TL Backpulver

80 g Paranüsse, gemahlen

1 Prise Salz

FÜR DIE DEKORATION

100 g Feinstzucker

6 ganze Paranüsse

FÜR DIE KARAMELLGLASUR

50 g Butter

75 g Mascarpone oder Crème double

60 g Puderzucker, gesiebt

6 kleine Briocheformen, gefettet und auf ein Backblech gesetzt

Silikonmatte oder gefettetes Backblech

Für 6 Stück

Den Backofen auf 180 °C vorheizen.

Banane und Limettensaft mithilfe einer Gabel zu einem glatten Püree zerdrücken. Püree, Zucker und Butter in eine große Schüssel geben und mit dem Handrührgerät cremig schlagen. Eier nach und nach hinzufügen, dabei kräftig weiterschlagen. Mehl, Backpulver, Paranüsse und Salz unterrühren. Den Teig gleichmäßig auf die Briocheformen verteilen. Brioches 15–20 Minuten backen, bis der Teig auf sanften Druck nicht mehr nachgibt. Gebäck kurz in den Formen abkühlen lassen, mit einem Messer vorsichtig vom Rand lösen und auf ein Gitter stürzen.

Für die Dekoration den Zucker in einem Topf bei geringer Hitze schmelzen lassen. Dabei nicht rühren, sondern den Topf nur schwenken, damit der Zucker nicht anbrennt. Die Nüsse vorsichtig mit einer Küchenzange in die Karamellmasse tauchen. Vorsicht: Sie ist sehr heiß! Die karamellisierten Nüsse zum Abkühlen auf das Backblech legen.

Für die Glasur im Topf mit dem restlichen Karamell die Butter zerlassen. Mascarpone mit dem Schneebesen unterrühren, bis eine glatte Masse entsteht. Puderzucker einrühren, um die Glasur einzudicken. Falls sich Klümpchen bilden, die Karamellmasse durch ein feinmaschiges Sieb streichen. Die Brioches auf Alufolie legen und mit Glasur beträufeln. Zum Schluss die Mini-Kuchen mit je einer karamellisierten Paranuss dekorieren.

Das Gebäck hält sich luftdicht verschlossen (ohne Glasur) bis zu 3 Tage, sollte aber am besten am Tag der Zubereitung verzehrt werden.

Charlotte Royal

Dieser Kuchen braucht keinen Überzug – der Teig selbst bildet die Dekoration. Die benötigte Creme- und Teigmenge hängt von der Backform- oder Schüsselgröße ab.

FÜR DEN TEIG

8 Eier

230 g Feinstzucker und 2 EL zum Bestreuen

1 Prise Vanillesalz (oder 1 Prise Meersalz und ½ TL gemahlene Bourbon-Vanille gemischt)

230 g Mehl, gesiebt

2 ½ TL Backpulver

8 EL Erdbeer- oder Aprikosenkonfitüre

FÜR DIE ERDBEERCREME

600 g Erdbeeren

200 g Feinstzucker

Mark von 1 Vanilleschote (und ausgekratzte Schote)

2 EL Gelatinepulver

1 kg Crème double (oder Mascarpone mit Sahne zu gleichen Teilen gemischt)

2 Backbleche (40 x 28 cm), mit Backpapier belegt

1 Springform (26 cm Durchmesser) oder 1 große Schüssel (etwa 10 cm tief)

Frischhaltefolie

Für 20 Portionen

Den Backofen auf 200 °C vorheizen.

Eier und Zucker in einer großen Schüssel mit dem Handrührgerät zu einer dicken Creme schlagen. Vanillesalz, Mehl und Backpulver vorsichtig mit einem Teigschaber unterheben. Masse auf den Blechen verteilen und jeweils 10–12 Minuten backen, bis der Biskuitteig goldbraun ist.

Die Böden auf mit Zucker bestreutes Backpapier stürzen. Das andere Backpapier vorsichtig vom Teig abziehen und die Böden kurz abkühlen lassen. Dann die Böden mit Konfitüre bestreichen und jeweils von einer Längsseite her zu einer festen Roulade aufrollen. In dem mit Zucker bestreuten Backpapier gut abkühlen lassen. Dann die Rollen bis zur Weiterverarbeitung in Frischhaltefolie wickeln.

Einige Erdbeeren zum Servieren zurückbehalten. Die übrigen entstielen und in Scheiben schneiden. Erdbeerscheiben, Zucker, Vanilleschote und -mark sowie 200 ml Wasser bei geringer Hitze 5 Minuten köcheln lassen. Die Vanilleschote entfernen. Die Beeren mit Flüssigkeit mithilfe eines Löffelrückens durch ein Sieb passieren. Das verbliebene Fruchtfleisch entfernen. Das Gelatinepulver zum warmen Erdbeerpüree geben und mit dem Schneebesen unterrühren, bis es sich aufgelöst hat. Abkühlen lassen und durch ein Sieb streichen, um etwaige Klümpchen zu entfernen. Crème double steif schlagen und mit dem Schneebesen unter das Erdbeerpüree ziehen.

Die Backform oder Schüssel mit drei Lagen Frischhaltefolie auskleiden, damit alles gut abgedichtet ist. Die Folie etwas über den Rand hängen lassen, damit sich das Ganze später problemlos aus der Form lösen lässt. Die Biskuitrouladen in 2 cm dicke Scheiben schneiden. Den Boden und die Seiten der Form mit etwa zwei Drittel der Scheiben auslegen. Wichtig: Ganz dicht aneinanderschichten, damit keine Lücken entstehen! Die Scheiben können ruhig etwas zusammengeschoben oder etwaige Lücken mit kleinen Teigstücken ausgefüllt werden.

Dann die Creme in die Form füllen und einige Stunden kühl stellen. Zum Schluss mit den restlichen Biskuitscheiben lückenlos belegen. Mit Folie abdecken und über Nacht im Kühlschrank fest werden lassen.

Vor dem Servieren die Folie oben entfernen. Eine große Kuchenplatte umgekehrt auf die Form legen. Beide Teile fest aneinanderdrücken und die Charlotte auf die Platte gleiten lassen. Frischhaltefolie sorgfältig entfernen und die Charlotte mit den restlichen Erdbeeren servieren.

Torte mit Vogeldekoration

Für eine bildschöne Torte genügt manchmal ein einziger Blickfänger als Dekoration. Diese schlichte Schokoladentorte ziert ein bezaubernder weißer Vogel. Natürlich eignet sich auch anderer zur Jahreszeit passender Deko-Schmuck.

FÜR DEN TEIG

225 g weiche Butter

225 g Feinstzucker

4 Eier

200 g Mehl, gesiebt

2 TL Backpulver

60 g ungezuckertes Kakaopulver, gesiebt

2 EL Naturjoghurt

1 Prise Salz

FÜR DIE FÜLLUNG

250 g Puderzucker, gesiebt

2 EL ungezuckertes Kakaopulver, gesiebt

1 EL weiche Butter

1 EL Frischkäse

etwas Milch (nach Bedarf)

FÜR DIE GANACHE

100 g Crème double

100 g Zartbitterschokolade, in kleine Stücke geteilt

1 EL Butter

1 EL Zuckerrübensirup

2 Springformen (20 cm Durchmesser), gefettet und mit Backpapier belegt

1 Deko-Vogel

Für 8 Portionen

Den Backofen auf 180 °C vorheizen.

Für den Rührteig Butter und Zucker cremig schlagen. Eier nach und nach zugeben, Masse schaumig schlagen. Mehl, Backpulver, Kakao, Joghurt und Salz gründlich untermischen. Den Teig gleichmäßig auf die Kuchenformen verteilen. 25–30 Minuten backen, bis er auf sanften Druck nicht mehr nachgibt. Oder die Garprobe machen: dazu ein Holzstäbchen in die Teigmitte stechen. Haftet nichts am Stäbchen, ist der Kuchen gar. Die Böden kurz in den Formen abkühlen lassen und zum Auskühlen auf ein Kuchengitter stürzen.

Für die Füllung Puderzucker, Kakao, Butter und Frischkäse mit dem Handrührgerät zu einer weichen, dicken Creme schlagen. Falls die Creme zu fest ist, etwas Milch hinzufügen.

Für die Ganache Crème double, Schokolade, Butter und Sirup in eine Schüssel geben, diese in einen Topf mit kochendem Wasser stellen. Alles schmelzen lassen und zu einer glatten Creme verrühren.

Einen Boden auf einen Tortenständer legen, die Cremefüllung mit einer Streichpalette oder einem Metallteigschaber darauf verteilen. Den zweiten Boden daraufsetzen und die Ganache darauf verstreichen. Den Deko-Vogel in der Mitte platzieren. Ganache vor dem Servieren fest werden lassen.

Die Torte hält sich luftdicht verschlossen und kühl gelagert bis zu 2 Tage, sollte jedoch am besten am Tag der Zubereitung verzehrt werden.

Joghurtkuchen mit frischen Beeren

Der Kuchen mit dem bewährten Vanillearoma und der klassischen Gugelhupfform ist schnell gemacht und eignet sich gut als „Alltagsgebäck". Der Teig wird mit Joghurt verfeinert, damit er schön saftig wird. Dann drapiert man frische Beeren auf dem Kuchen und serviert jedes Stück mit Crème double. Leichter geht's nicht!

200 g griechischer Joghurt, abgetropft

½ TL gemahlene Bourbon-Vanille

1 Grundteig aus 5 Eiern (Rezept siehe Seite 9)

Puderzucker, zum Bestäuben

frische Beeren und Früchte nach Belieben, zum Servieren

Crème double, geschlagen, oder Crème fraîche, zum Servieren

1 Gugelhupfform (25 cm Durchmesser), gefettet

Für 10 Portionen

Den Backofen auf 180 °C vorheizen.

Joghurt und Vanille unter den Teig mischen und Masse in die Form füllen. Teig 40–50 Minuten backen, bis er auf sanften Druck nicht mehr nachgibt. Oder die Garprobe machen: dazu ein Holzstäbchen in die Teigmitte stechen. Haftet nichts am Stäbchen, ist der Kuchen gar. Gugelhupf in der Form auskühlen lassen, dann mit einem Messer vom Innenrand der Form lösen und auf eine Kuchenplatte stürzen.

Den Kuchen mit Puderzucker bestäuben. Die Mitte des Kuchens großzügig mit Beeren und Früchten belegen und dann jedes Stück mit Beeren und etwas Crème double servieren.

Der Kuchen hält sich luftdicht verschlossen bis zu 2 Tage. Er sollte erst kurz vor dem Servieren mit den Früchten verziert werden.

Aprikosentorte

Wenn die Aprikosen reif sind, ist diese Torte einfach unschlagbar gut. Sie schmeckt nach Sommer pur – für den Belag wird das Obst gegart und glasiert und für die Füllung mit Madeira im Backofen geschmort.

FÜR DIE GEGARTEN UND DIE GESCHMORTEN APRIKOSEN

750 g Aprikosen

150 g Feinstzucker

250 ml Madeira

50 g Butter

½ TL gemahlene Bourbon-Vanille

1 Grundteig aus 4 Eiern (Rezept siehe Seite 9)

1 EL Aprikosenkonfitüre oder -gelee

1 Päckchen Tortenguss

300 g Crème double

essbare Rosenblüten, zum Dekorieren

2 Springformen (20 cm Durchmesser), gefettet und mit Backpapier belegt

Für 10 Portionen

Als Erstes die Aprikosen vorbereiten. Dazu die Hälfte der ganzen Früchte mit 1 Liter Wasser, 100 g Zucker und 125 ml Madeira in einen Topf geben. Etwa 5 Minuten köcheln lassen, bis die Früchte weich sind. Herausnehmen, abkühlen lassen und Flüssigkeit beiseitestellen.

Den Backofen auf 180 °C vorheizen.

Die restlichen Aprikosen halbieren und entsteinen. In einen Bräter legen, mit dem restlichen Madeira beträufeln, den restlichen Zucker darüberstreuen und die Butter in Flöckchen daraufsetzen. Früchte etwa 20 Minuten im Ofen schmoren, bis sie weich sind und der Saft dickflüssig ist. Zum Abkühlen beiseitestellen. Backofentemperatur beibehalten.

Die Vanille unter den Teig mischen und diesen gleichmäßig auf die zwei Backformen verteilen. 25–30 Minuten goldbraun backen, bis er auf sanften Druck nicht mehr nachgibt. Oder die Garprobe machen: dazu ein Holzstäbchen in die Teigmitte stechen. Haftet nichts am Stäbchen, sind die Kuchen gar. Kurz in den Formen abkühlen lassen und zum Auskühlen auf ein Kuchengitter stürzen.

Kurz vor dem Servieren einen Kuchenboden mit Konfitüre bestreichen, damit der Teig nicht durchweicht, wenn er mit den gegarten Aprikosen belegt wird. Die Früchte halbieren, entsteinen und auf dem Boden anordnen. Den Tortenguss nach Packungsanleitung zubereiten, dabei 1 Esslöffel Schmorflüssigkeit zugeben. Guss auf den mit Aprikosenhälften belegten Boden träufeln und fest werden lassen.

Ein Drittel der im Backofen geschmorten Aprikosen mit der Garflüssigkeit pürieren. Crème double steif schlagen und wellenförmig unter das Aprikosenpüree ziehen. Die Aprikosencreme in Spiralen auf dem zweiten Boden verteilen und mit den restlichen Aprikosen belegen. Den glasierten Boden daraufsetzen. Nach Belieben noch mit Blüten verzieren, diese jedoch vor dem Anschneiden der Torte entfernen.

Die Torte bis zum Verzehr kühl stellen, am besten am Tag der Zubereitung servieren. Im Kühlschrank hält sich die Torte bis zu 2 Tage.

Karottenteilchen

Karottenkuchen eignet sich hervorragend für den Nachmittagstee. Die süßen Teilchen werden mit kandierten Karotten garniert und schmecken kräftig-aromatisch.

FÜR DIE KANDIERTEN KAROTTEN

3 Karotten

100 g Feinstzucker und etwas zum Bestreuen

frisch gepresster Saft von 1 Zitrone

½ Zimtstange

½ TL gemahlene Bourbon-Vanille

Karottenkrautspitzen, zum Garnieren

FÜR DEN TEIG

200 ml Pflanzenöl

3 Eier

250 g Feinstzucker

70 g brauner Zucker

150 g Sauerrahm

250 g Mehl, gesiebt

2 ½ TL Backpulver

100 g gemahlene Mandeln

1 TL gemahlener Zimt

1 TL gemahlener Ingwer

½ TL gemahlene Bourbon-Vanille

1 TL Apfelkuchengewürz

1 Prise gemahlene Muskatnuss

200 g Kokosnuss-Chips

60 g Haselnüsse, geröstet und gehackt

300 g Karotten, gerieben

100 ml Orangensaft

abgeriebene Schale von 1 unbehandelten Zitrone

FÜR DIE GLASUR

1 EL Frischkäse

300 g Puderzucker, gesiebt

1 EL weiche Butter

½ TL gemahlener Zimt

frisch gepresster Saft von 1 Zitrone

Backblech, mit Silikonmatte oder Backpapier belegt

1 rechteckige Backform (30 x 20 cm), gefettet und mit Backpapier belegt

Für 24 Stück

Als Erstes die Karotten abschaben, dann mit einem scharfen Messer in kleine, karottenförmige Stücke schneiden. 400 ml Wasser mit Zucker, Zitronensaft, Zimtstange und Vanille in einem Topf aufkochen lassen. Die Karottenstücke hineingeben und 2–3 Minuten köcheln lassen, bis sie weich sind, dann abgießen. Zimtstange entfernen. Karotten auf einem Blech verteilen, mit einer dünnen Schicht Zucker bestreuen und über Nacht an einem warmen Ort trocknen lassen.

Den Backofen auf 150 °C vorheizen.

Für den Kuchen Öl, Eier, Zucker und Sauerrahm schaumig schlagen. Mehl, Backpulver und Mandeln hinzufügen. Gewürze zugeben, alles gründlich verrühren. Kokosnuss-Chips und Haselnüsse unterheben. Die geriebenen Karotten zunächst in einer Schale mit Orangensaft vermischen, dann mit der Zitronenschale unter den Teig rühren. Teig in die Form füllen und 75–90 Minuten backen, bis er auf sanften Druck nicht mehr nachgibt. Oder die Garprobe machen: dazu ein Holzstäbchen in die Teigmitte stechen. Haftet nichts am Stäbchen, ist der Kuchen gar. In der Form auskühlen lassen.

Für die Glasur Frischkäse, Puderzucker, Butter, Zimt und Zitronensaft (diesen nach Bedarf zugießen) cremig schlagen. Die Glasur mit einer Streichpalette oder einem Metallteigschaber auf dem Kuchen verstreichen. Diesen in 24 Quadrate teilen und jedes mit kandierten Karotten und Karottengrün garnieren.

Das Gebäck kühl stellen, es hält sich luftdicht verschlossen bis zu 3 Tage. Die Karotten-Dekoration sollte erst kurz vor dem Servieren angebracht werden.

Glutenfreie Ingwertorte

Man sieht diesem Gebäck nicht an, dass es glutenfrei ist – also auch für Weizenallergiker geeignet. Die einfache Sommertorte ist mit einer luftigen Ingwercreme gefüllt und wird mit Kamilleblüten oder Gänseblümchen dekoriert. Glutenfreies Mehl und andere entsprechende Produkte erhält man im Reformhaus oder im Onlineshop.

FÜR DEN TEIG

225 g Feinstzucker

225 g weiche Butter

4 Eier

140 g gemahlene Mandeln

115 g glutenfreies Mehl, gesiebt

1 TL glutenfreies Backpulver

1 TL gemahlener Ingwer

½ TL gemahlene Bourbon-Vanille

1 Prise Salz

2 EL Buttermilch

4 in Sirup eingelegte Ingwerstückchen, fein gehackt, und 1 EL Sirup

FÜR DIE FÜLLUNG

250 g Crème double

2 EL Ingwersirup

Puderzucker, zum Bestäuben

essbare Kamilleblüten oder Gänseblümchen, zum Dekorieren

2 Springformen (20 cm Durchmesser), gefettet und mit Backpapier belegt

Für 10 Portionen

Den Backofen auf 180 °C vorheizen.

Für die Böden Zucker und Butter cremig schlagen. Die Eier nach und nach hinzufügen, Masse schaumig schlagen. Mandeln, Mehl, Backpulver, Ingwer, Vanille und Salz gründlich untermengen. Dann Buttermilch, Ingwer und -sirup hinzufügen und den Teig gleichmäßig auf die beiden Kuchenformen verteilen. Teig 30–40 Minuten backen, bis er auf sanften Druck nicht mehr nachgibt. Oder die Garprobe machen: dazu ein Stäbchen in die Teigmitte stechen. Haftet nichts am Stäbchen, sind die Böden gar. Kurz in den Formen und dann auf einem Kuchengitter abkühlen lassen.

Kurz vor dem Servieren Crème double und Sirup mit dem Handrührgerät cremig schlagen. Einen Boden auf eine Kuchenplatte setzen und die Creme gleichmäßig darauf verteilen. Den zweiten Boden darauflegen und mit Puderzucker bestäuben. Die Oberfläche erst kurz vor dem Servieren mit Blüten dekorieren. Auch wenn die Deko essbar ist, sollte man sie nur zum Verzieren verwenden.

Die Torte bis zum Verzehr kühl stellen, am besten noch am gleichen Tag servieren. Im Kühlschrank hält sie sich bis zu 2 Tage.

Orangen-Kuppelküchlein

Diese bildhübschen Mini-Kuchen haben es in sich: Orangenschale macht den Teig fruchtig-aromatisch und die Verzierung aus weißer Schokolade und in dunkle Schokolade getauchten Orangenschalen höchst dekorativ. Wenn Sie Zitrone bevorzugen, verwenden Sie einfach Zitronenschale für den Teig, den Saft von 4 Zitronen für den Sirup und schokoladig überzogene Zitronenschalen für die Dekoration.

abgeriebene Schale von 2 unbehandelten Orangen

½ TL gemahlene Bourbon-Vanille

1 Grundteig aus 4 Eiern (Rezept siehe Seite 9)

FÜR DEN SIRUP

Saft von 3 Orangen

2 EL Puderzucker, gesiebt

FÜR DIE DEKORATION

100 g weiße Schokolade

18 Orangenschalen-Stückchen (unbehandelt), in dunkle Schokolade getaucht

3 Kuppel-Törtchen-Formen (mit jeweils 6 Mulden) oder Muffin-Backformen, gefettet

Für 18 Stück

Den Backofen auf 180 °C vorheizen.

Orangenschale und Vanille unter den Teig mischen und Masse auf die Backformmulden verteilen. Falls nur eine Backform vorhanden ist, die Küchlein nacheinander backen und die Mulden nach jedem Backvorgang säubern. Den Teig 20–25 Minuten backen, bis er auf sanften Druck nicht mehr nachgibt. Küchlein aus den Mulden lösen und mit der flachen Seite nach unten auf einem Kuchengitter auskühlen lassen, Alufolie unter das Gitter legen.

Für den Sirup Orangensaft und Puderzucker aufkochen lassen. Topf vom Herd nehmen und Sirup über die Küchlein träufeln.

Für die Glasur die weiße Schokolade in eine Schüssel geben und diese in einen Topf mit kochendem Wasser stellen. Schokolade unter Rühren schmelzen lassen.

Die Schokolade mit einem Kaffeelöffel über die Küchlein träufeln. Ein Schoko-Orangen-Stückchen auf jeden Mini-Kuchen setzen. Die Glasur fest werden lassen.

Küchlein am besten am Tag der Zubereitung servieren. Luftdicht verschlossen lassen sie sich bis zu 2 Tage aufbewahren.

Dramatische Effekte

Kirsch-Mandel-Törtchen

Ich liebe die Kombination von Kirschen und Schokolade – darin vereinen sich süße und herbe Aromen. Diese Törtchen schmecken mit vollreifen Früchten am besten. Sollten keine frischen erhältlich sein, dürfen es auch kandierte Kirschen sein.

340 g weiche Butter

340 g Feinstzucker

6 Eier

225 g gemahlene Mandeln

140 g Mehl, gesiebt

1 ½ TL Backpulver

1 TL Bittermandelaroma

50 g Mandelblättchen

FÜR DIE FONDANTGLASUR

100 g Zartbitterschokolade, geschmolzen

250 g Fondant

2 EL Zuckerrübensirup

1–2 EL Wasser (nach Bedarf)

FÜR DIE DEKORATION

etwa 20 Kirschen

50 g weiße Schokolade, geschmolzen

1 rechteckige Backform (38 x 28 cm), gefettet und mit Backpapier belegt

1 runde Ausstechform (7 cm Durchmesser, nach Belieben)

Für 20 Stück

Den Backofen auf 180 °C vorheizen.

Für den Teig Butter und Zucker in einer großen Rührschüssel cremig schlagen. Die Eier nach und nach dazugeben, Masse schaumig schlagen. Gemahlene Mandeln, Mehl, Backpulver und Bittermandelaroma hinzufügen und gründlich unterrühren. Den Teig in die Backform füllen und mit den Mandelblättchen bestreuen. Teig 30–40 Minuten backen, bis er auf sanften Druck nicht mehr nachgibt. Oder die Garprobe machen: dazu ein Holzstäbchen in die Teigmitte stechen. Haftet nichts am Stäbchen, ist der Kuchen gar. In der Form abkühlen lassen, dann auf ein großes Schneidbrett stürzen und mit dem Ausstecher 20 Törtchen ausschneiden.

Für die Glasur Schokolade, Fondant und Sirup in einem Topf langsam erhitzen und gründlich verrühren. 1–2 Esslöffel Wasser unterrühren, wenn die Konsistenz zu dickflüssig ist. Etwas Glasur über jedes Törtchen träufeln, sie darf an den Seiten hinunterlaufen.

Die Kirschen zur Hälfte in die weiße Schokolade tauchen und auf die Törtchen legen. Vor dem Servieren die Glasur fest werden lassen.

Das Gebäck lässt sich in einem luftdicht verschlossenen Behältnis bis zu 3 Tage aufbewahren.

Schachbrett-Torte

Es gibt spezielle Schachbrett-Backformen, die für alle Teigböden gleichmäßig breite Ringe und somit ein perfektes Ergebnis garantieren. Falls solche Formen nicht zur Verfügung stehen, kann man den Teig für diese Torte in konzentrischen Ringen in abwechselnder Farbe in drei runde Backformen spritzen. Wichtig dabei ist nur, dass die jeweils übereinanderliegenden Ringe den gleichen Durchmesser haben, damit später ein klar abgegrenztes Schachbrettmuster entsteht.

1 Grundteig aus 6 Eiern (Rezept siehe Seite 9)

60 g ungezuckertes Kakaopulver, gesiebt

1 Prise Vanillesalz (oder 1 Prise Salz und ½ TL gemahlene Bourbon-Vanille gemischt)

100 g weiße Schokolade, geschmolzen, leicht abgekühlt

FÜR DIE FÜLLUNG

250 g Puderzucker, gesiebt, und etwas zum Bestäuben

50 g weiche Butter

60 g weiße Schokolade, geschmolzen, leicht abgekühlt

1 EL Milch (nach Bedarf)

4 EL Kirschkonfitüre oder -gelee

3 Schachbrettkuchen-Backformen (20 cm Durchmesser) mit Ringeinsatz, gefettet und mit Backpapier belegt

2 Spritzbeutel mit großer, runder Tülle

Für 10 Portionen

Den Backofen auf 180 °C vorheizen.

Den Kuchenteig in etwa gleich große Hälften teilen, dabei etwas mehr Teig in eine Schüssel geben (es werden 5 Ringe aus dunklem Schokoladenteig und 4 Ringe aus hellem gebacken). Das Kakaopulver und etwas Vanillesalz unter die größere Teigmenge rühren. Die weiße Schokolade mit etwas Vanillesalz unter die kleinere Menge mischen. Die Teige in je einen Spritzbeutel füllen. Dann Ringe in abwechselnden Farben in die Kuchenformen mit den Ringeinsätzen spritzen, dabei zwei Böden mit dunklen Außenringen herstellen. Die Einsätze entfernen und die Formen leicht gegen die Arbeitsplatte klopfen, damit etwaige Lücken zwischen den verschiedenen Teigfarben geschlossen werden. Kuchen 25–30 Minuten backen, bis der Teig auf sanften Druck nicht mehr nachgibt. Oder die Garprobe machen: dazu ein Holzstäbchen in die Teigmitte stechen. Haftet nichts am Stäbchen, ist der Kuchen gar. Kurz in der Form und dann auf einem Gitter abkühlen lassen.

Für die Füllung Puderzucker, Butter und weiße Schokolade zu einer glatten Creme schlagen. Etwas Milch unterrühren, falls die Konsistenz zu fest ist.

Einen Boden mit dunklem Außenring auf eine Kuchenplatte setzen und jeweils die Hälfte der Creme und Konfitüre darauf verteilen. Einen hellen Außenring-Boden darauflegen und diesen mit der restlichen Creme und Konfitüre bestreichen. Den dritten Boden darauflegen.

Torte kurz vor dem Servieren mit Puderzucker bestäuben. Sie lässt sich kühl gestellt und luftdicht verschlossen bis zu 2 Tage aufbewahren.

Maracuja-Schoko-Torte

Schokolade und Maracujas gehen hier eine extravagante Verbindung ein – das Bittere der Schokolade veredelt die Herbheit der exotischen Frucht. Physalisfrüchte und eine Maracujablüte setzen der wahrhaft majestätischen Torte noch die Krone auf.

Saft von 5 Maracujas, Kerne entfernt

gelbe Lebensmittelfarbe

1 Grundteig aus 5 Eiern (Rezept siehe Seite 9)

FÜR DIE CREME

170 g Puderzucker, gesiebt

45 g ungezuckertes Kakaopulver, gesiebt

45 g weiche Butter

1 EL Milch

FÜR DIE GANACHE

80 g Crème double

100 g Zartbitterschokolade

1 EL Butter

1 EL Zuckerrübensirup

FÜR DIE DEKORATION

etwa 15 Kapstachelbeeren (Physalis)

1 ungespritzte Maracujablüte

Puderzucker, zum Bestäuben

4 Springformen (je 2 mit 20 cm und 10 cm Durchmesser), gefettet und mit Backpapier belegt

Für 12 Portionen

Den Backofen auf 180 °C vorheizen.

Maracujasaft und einige Tropfen Farbe unter den Teig mischen, diesen dann in die Backformen füllen. Dabei etwa zwei Drittel der Gesamtmenge auf die beiden größeren Formen und das restliche Drittel auf die zwei kleineren verteilen. Die Kuchen 25–30 Minuten backen; die kleineren Böden erfordern eine etwas kürzere Backzeit. Deshalb sollten sie schon vor Ende der Backzeit kontrolliert werden. Die Kuchen sind gar, wenn sie auf sanften Druck nicht mehr nachgeben. Oder die Garprobe machen: dazu ein Holzstäbchen in die Teigmitte stechen. Haftet nichts am Stäbchen, ist der Kuchen gar. Die Böden kurz in den Formen und dann auf einem Kuchengitter abkühlen lassen.

Für die Creme Puderzucker, Kakaopulver, Butter und Milch zu einer glatten Creme schlagen.

Für die Ganache Crème double, Schokolade, Butter und Sirup in eine Schüssel geben, diese in einen Topf mit kochendem Wasser stellen. Rühren, bis die Schokolade geschmolzen und eine glatte Creme entstanden ist.

Dann einen großen Boden auf eine Kuchenplatte setzen. Etwa zwei Drittel der Creme mit einer Streichpalette oder einem Metallteigschaber darauf verteilen. Den zweiten großen Boden darauflegen und etwa zwei Drittel der Ganache darauf verstreichen. Einen kleinen Boden mittig darauflegen. Die restliche Creme darauf verteilen und den letzten Boden darauflegen. Ganz oben die restliche Ganache auftragen.

Zum Garnieren die Physalisfrüchte am Rand des größeren Bodens anordnen und mit Puderzucker bestäuben. Die Maracujablüte auf den kleinen Kuchen legen. Sie dient nur zur Zierde und sollte vor dem Anschneiden entfernt werden.

Die Torte lässt sich kühl gestellt in einem luftdicht verschlossenen Behältnis bis zu 2 Tage aufbewahren.

Grüntee-Eis-Türmchen

Die rosa Törtchen werden malerisch mit Zuckerblüten verziert und mit einer trendigen Eiscreme gefüllt, die mit Matcha-Grünteepulver aromatisiert wird. Ideal für heiße Sommertage! Wer keine Zeit hat, das Eis selbst herzustellen, kann auch fertiges mit dem Geschmack seiner Wahl verwenden.

FÜR DIE EISCREME

1 TL Matcha-Grünteepulver

400 g Crème double

200 ml Milch

5 Eigelbe

100 g Feinstzucker

grüne Lebensmittelfarbe (nach Belieben)

½ TL gemahlene Bourbon-Vanille

rosa Lebensmittelfarbe

1 Grundteig aus 4 Eiern (Rezept siehe Seite 9)

FÜR DIE DEKORATION

Puderzucker, zum Bestäuben

50 g Zartbitterschokolade, geschmolzen, leicht abgekühlt

Zuckerblüten

Eismaschine (optional)

2 Springformen (20 cm Durchmesser), gefettet und mit Backpapier belegt

1 Spritzbeutel mit kleiner, runder Tülle

1 runder Ausstecher (7 cm Durchmesser)

Für 10 Stück

Für die Eiscreme das Grünteepulver mit Crème double und Milch in einem großen Topf aufkochen lassen, dabei ständig rühren, damit sich das Pulver auflöst. In einer Rührschüssel Eigelbe und Zucker zu einer dicken hellgelben Creme schlagen. Die Grüntee-Mischung noch einmal kurz aufwallen lassen und unter ständigem Rühren in einem dünnen Strahl unter die Creme ziehen. Masse in den Topf zurückgeben und ein paar Minuten weiterköcheln lassen, bis sie eingedickt ist, dabei ständig rühren. Soll die Masse intensiver getönt sein, einige Tropfen grüne Lebensmittelfarbe untermischen.

Die Masse in eine Schüssel umfüllen und vollständig abkühlen lassen. Danach in die Eismaschine geben und gefrieren lassen. Das fertige Eis bis zum Servieren in das Gefrierfach stellen. Falls keine Eismaschine vorhanden ist, die Masse in einem geeigneten Gefäß in das Gefrierfach stellen und etwa alle 20 Minuten gut durchrühren, um die Eiskristalle aufzubrechen.

Den Backofen auf 180 °C vorheizen.

Die Vanille und einige Tropfen rosa Farbe gründlich unter den Teig mischen. Teig auf die Formen verteilen und 25–30 Minuten backen, bis er auf sanften Druck nicht mehr nachgibt. Oder die Garprobe machen: dazu ein Holzstäbchen in die Teigmitte stechen. Haftet nichts am Stäbchen, ist der Kuchen gar. Kurz in den Formen und dann auf einem Kuchengitter abkühlen lassen.

Dann aus jedem Kuchen 5 Törtchen ausstechen. (Die Kuchenreste können zu Bröseln gemahlen und für die Herstellung von Pralinen oder Cake Pops eingefroren werden.) Die Törtchen quer halbieren und jeweils die obere Hälfte mit Puderzucker bestäuben. Die Schokolade in den Spritzbeutel füllen und ein Zweigmotiv auf die bestäubten Oberflächen spritzen. Zum Schluss mit den Zuckerblüten dekorieren. Die Schokolade vor dem Servieren fest werden lassen.

Kurz vor dem Servieren das Eis aus dem Gefrierfach nehmen und kurz antauen lassen. Mit dem Ausstecher 10 Scheiben Eis ausschneiden. Die Eiscremescheiben mithilfe eines breiten Messers oder einer Palette abheben und jeweils auf den unteren Kuchenboden legen, den dekorierten darauflegen. Törtchen sofort servieren.

Schokoladen-Minz-Torte

Ich mag das erfrischende Aroma von frischer Minze. Kuchenböden in abgestuften Grüntönen, cremige Schichten aus weißer Schokolade und zarte, kandierte Minzeblätter machen diese Torte einfach unwiderstehlich.

FÜR DIE KANDIERTEN MINZEBLÄTTER

1 Eiweiß

frische Minzeblätter

Feinstzucker, zum Bestreuen

FÜR DEN TEIG

½ TL gemahlene Bourbon-Vanille

1 Prise Salz

grünes Lebensmittelfarbgel

1 Grundteig aus 6 Eiern (Rezept siehe Seite 9)

FÜR DIE WEISSE SCHOKOCREME

350 g Puderzucker, gesiebt

1 EL weiche Butter

100 g weiße Schokolade, geschmolzen, leicht abgekühlt

1 TL Pfefferminzextrakt

etwas Milch (nach Bedarf)

1 Backpinsel

1 Backblech, mit Silikonmatte oder Backpapier belegt

4 Springformen (20 cm Durchmesser), gefettet und mit Backpapier belegt

Für 10 Portionen

Als Erstes die Minzeblätter kandieren. Dazu das Eiweiß schaumig schlagen und damit die Blätter von beiden Seiten bepinseln. Dann mit Zucker bestreuen und auf dem Backblech an einem warmen Ort über Nacht trocknen lassen. Die Blätter bis zur Weiterverwendung luftdicht verschlossen aufbewahren.

Den Backofen auf 180 °C vorheizen.

Vanille, Salz und etwas Farbgel gründlich unter den Teig mischen. Ein Viertel des Teiges in eine Kuchenform füllen. Weitere Farbe für einen etwas kräftigeren Ton unter den restlichen Teig mengen. Ein Drittel des Teiges in die zweite Kuchenform geben. Arbeitsschritte mit den restlichen beiden Teigportionen wiederholen und jedes Mal etwas mehr Farbe untermischen, sodass 4 Böden in unterschiedlichen Grünschattierungen enstehen. Teig 25–30 Minuten backen, bis er auf sanften Druck nicht mehr nachgibt. Oder die Garprobe machen: dazu ein Holzstäbchen in die Teigmitte stechen. Haftet nichts am Stäbchen, ist der Kuchen gar. Die Böden kurz in der Form und dann auf einem Kuchengitter abkühlen lassen.

Für die Creme Puderzucker, Butter, Schokolade und Pfefferminzextrakt zu einer glatten, dicken Masse verrühren. Etwas Milch unterrühren, falls die Konsistenz zu fest ist.

Die Ränder der Böden mit einem langen Sägemesser abschneiden, damit die verschiedenen Farbnuancen sichtbar werden. Den dunkelsten Boden auf einen Tortenständer setzen und eine dünne Schicht Creme auftragen. Den etwas helleren Boden darauflegen und mit Creme bestreichen. Arbeitsschritte mit den restlichen zwei Böden wiederholen, sodass der hellste Boden oben liegt. Restliche Creme daraufstreichen und mit den Minzeblättern dekorieren.

Die Torte lässt sich kühl gestellt in einem luftdicht verschlossenen Behältnis bis zu 3 Tage aufbewahren.

Kaffee-Ananas-Torte

Kaffee mit Ananas zu kombinieren mag etwas ungewöhnlich erscheinen, schmeckt aber sündhaft gut. Die Torte wird mit einer sahnigen Mascarponeglasur bedeckt und mit blumigen Ananas-Chips dekoriert. Diese werden schon am Vortag zubereitet, da sie über Nacht trocknen müssen.

1 Ananas

1 TL Espresso

1 TL Instantkaffee

½ TL Kaffeesalz (nach Belieben)

1 Grundteig aus 4 Eiern (Rezept siehe Seite 9)

FÜR DEN KAFFEESIRUP

4 TL Espresso

4 EL Feinstzucker

FÜR DIE FÜLLUNG

170 g Mascarpone

60 g weiche Butter

450 g Puderzucker, gesiebt

Frischhaltefolie

1 Backblech, mit Silikonmatte oder Backpapier belegt

2 Springformen (20 cm Durchmesser), gefettet und mit Backpapier belegt

Für 10 Portionen

Als Erstes die Ananas schälen und quer halbieren. Eine Hälfte (für die Füllung) in Frischhaltefolie wickeln und bis zum Zusammensetzen der Torte im Kühlschrank aufbewahren. Die andere Hälfte mit einem sehr scharfen Messer in möglichst dünne Scheiben schneiden. In einer Lage auf das Backblech setzen und an einem warmen Ort über Nacht trocknen lassen. Alternativ können die Ananasscheiben bei niedrigster Hitze und stündlicher Kontrolle auch im Backofen getrocknet werden. Die Dörrzeit hängt vom Backofen und dem Reifegrad der Ananas ab.

Den Backofen auf 180 °C vorheizen.

Espresso, Kaffee und Kaffeesalz unter den Teig mischen und diesen gleichmäßig auf die Backformen verteilen. Kuchen 25–30 Minuten backen, bis sie auf sanften Druck nicht mehr nachgeben. Oder die Garprobe machen: dazu ein Holzstäbchen in die Teigmitte stechen. Haftet nichts am Stäbchen, sind die Kuchen gar. Die Böden kurz in den Formen und dann auf einem Kuchengitter abkühlen lassen.

Für den Kaffeesirup Espresso und Zucker unter Rühren in einem Topf köcheln lassen, bis die Flüssigkeit eingedickt ist. Abkühlen lassen.

Für die Füllung Mascarpone, Butter und Puderzucker mit dem Handrührgerät zu einer glatten, dicken Creme schlagen.

Den Strunk der anderen Ananashälfte entfernen, das Fruchtfleisch in dünne Scheiben schneiden. Die Kuchenböden mit einem scharfen Messer quer halbieren. Eine untere Hälfte auf eine Kuchenplatte setzen und mit etwas Kaffeesirup beträufeln. Eine Schicht frische Ananasscheiben und den zweiten Boden darauflegen. Die Hälfte der Mascarponecreme darauf verteilen und den nächsten (unteren) Boden darauflegen. Etwas Kaffeesirup darüberträufeln, dann eine Schicht Ananas und den letzten Boden darauflegen. Diesen mit dem restlichen Kaffeesirup beträufeln. Zum Schluss die restliche Mascarponecreme daraufstreichen und die Torte mit den Ananas-Chips dekorieren.

Die Torte am besten sofort servieren. Kühl gestellt und luftdicht verschlossen lässt sie sich bis zu 2 Tage aufbewahren.

Rote-Johannisbeer-Tartelettes

Johannisbeer-Tartelettes erinnern mich an Familienurlaube im Elsass. Ich liebe das würzig-herbe Aroma dieser roten Beeren. Die kleinen Fruchtkuchen sind mit Johannisbeerkompott gefüllt und mit Vanillecreme und Crème double verziert.

FÜR DEN TEIG

280 g Feinstzucker

280 g weiche Butter

5 Eier

280 g Mehl, gesiebt

3 TL Backpulver

80 ml Buttermilch

½ TL gemahlene Bourbon-Vanille

FÜR DAS KOMPOTT

300 g rote Johannisbeeren

60 g Feinstzucker

FÜR DIE VANILLECREME

1 Ei und 1 Eigelb

2 EL Speisestärke, gesiebt

80 g Feinstzucker und 1 EL extra

250 g Crème double

1 TL gemahlene Bourbon-Vanille

FÜR DIE DEKORATION

Puderzucker, zum Bestäuben

200 g Crème double

frische rote Johannisbeeren

6 runde Backförmchen mit Vertiefung oder Tartelette-förmchen mit hohem Rand (8 cm Durchmesser), gefettet

Für 6 Stück

Den Backofen auf 180 °C vorheizen.

Für den Teig Zucker und Butter cremig schlagen. Die Eier nach und nach dazugeben und die Masse schaumig schlagen. Mehl, Backpulver, Buttermilch und Vanille untermischen und den Teig auf die Förmchen verteilen.

Für das Kompott Johannisbeeren, Zucker und 2 Esslöffel Wasser in eine Auflaufform geben. Diese zusammen mit den Tartelletteförmchen in den Ofen stellen und alles 20–30 Minuten backen. Bei den Tartelettes die Garprobe machen: dazu ein Holzstäbchen in die Teigmitte stechen. Haftet nichts am Stäbchen, sind die Törtchen gar. Kurz in den Förmchen abkühlen lassen und dann auf ein Kuchengitter stürzen. Die Auflaufform ebenfalls abkühlen lassen.

Für die Creme Ei, Eigelb, Speisestärke und Zucker in einer großen Rührschüssel dickcremig schlagen. Crème double und Vanille in einem großen Topf aufkochen lassen und dann unter ständigem Rühren unter die Eicreme ziehen. Masse in den Topf zurückgeben und mit dem Schneebesen ständig rühren, bis sie einzudicken beginnt. Vorsicht: Sie darf nicht gerinnen! Bei etwaigen Klümpchen Masse mit dem Löffelrücken durch ein feinmaschiges Sieb streichen. Creme abkühlen lassen.

Die Tartelettes auf Servierteller setzen. Das Kompott in die Mulden füllen und alles mit einer kräftigen Schicht Puderzucker bestäuben. Die Vanillecreme mit dem Löffel auf die Kompottfüllung setzen.

Crème double cremig schlagen und spiralförmig auf die Vanillecreme auftragen. Mit den frischen Beeren garnieren.

Tartelettes kühl stellen, am besten am Tag der Zubereitung servieren. Im Kühlschrank lassen sie sich bis zu 2 Tage aufbewahren.

Schoko-Feigen-Torte

Wer gern Feigen isst, wird diese Torte lieben. Die saftig geschmorten Früchte gehen eine raffinierte Verbindung mit feinherbem Kakao und einer Frischkäse-Creme ein – das macht die Torte zum Anziehungspunkt jedes Kuchenbuffets.

FÜR DIE GESCHMORTEN FEIGEN

6 frische Feigen

1 EL Feinstzucker

1 EL flüssiger Honig

Butter

FÜR DEN TEIG

60 g ungezuckertes Kakaopulver, gesiebt

1 Grundteig aus 6 Eiern (Rezept siehe Seite 9)

FÜR DIE CREME

350 g Puderzucker, gesiebt

1 EL weiche Butter

1 EL Frischkäse

etwas Milch (nach Bedarf)

4 EL Lemon Curd (Zitronencreme, Fertigprodukt)

FÜR DIE DEKORATION

Puderzucker, zum Bestäuben

50 g weiße Schokolade, geschmolzen

3 Springformen (20 cm Durchmesser), gefettet und mit Backpapier belegt

Für 10 Portionen

Den Backofen auf 180 °C vorheizen.

Die Feigen in einen Bräter geben und mit Zucker bestreuen. Jede Frucht mit Honig beträufeln und mit einem Butterflöckchen belegen. Feigen im Ofen 15–20 Minuten garen, bis sie weich sind, aber noch nicht zerfallen. Aus dem Ofen nehmen und abkühlen lassen. Backofentemperatur beibehalten.

Kakao unter den Teig mischen und diesen gleichmäßig auf die Backformen verteilen. Kuchenböden 25–30 Minuten backen, bis sie auf sanften Druck nicht mehr nachgeben. Oder die Garprobe machen: dazu ein Holzstäbchen in die Teigmitte stechen. Haftet nichts am Stäbchen, sind die Kuchen gar. Die Böden kurz in den Formen und dann auf einem Kuchengitter abkühlen lassen.

Für die Creme Puderzucker, Butter und Frischkäse zu einer glatten, Masse schlagen. Etwas Milch unterrühren, wenn die Creme zu fest ist.

Die Kuchen mit einem langen Sägemesser quer halbieren. Eine untere Hälfte auf einen Tortenständer oder auf eine Kuchenplatte legen und dünn mit Creme bestreichen. Etwas Lemon Curd darüberträufeln und mit der nächsten Hälfte abdecken. Die Arbeitsschritte mit den anderen Böden wiederholen. Die restliche Creme dünn auf den oberen Boden und die Ränder auftragen, sodass die Schichten sichtbar bleiben. Mit Puderzucker bestäuben und den oberen Boden nach Belieben mit weißer Schokolade verzieren.

Kurz vor dem Servieren die geschmorten Feigen halbieren und oben auf der Torte und auf der Kuchenplatte anordnen. Die Torte lässt sich kühl gestellt und luftdicht verschlossen bis zu 2 Tage aufbewahren.

Brandteigpyramide (Croque-en-bouche)

Die Wirkung dieses französischen Festtagskuchens geht von der Pyramidenform aus vielen kleinen Windbeuteln aus – eine Herausforderung für wahre Zuckerbäcker!

FÜR DEN BRANDTEIG

200 g Butter, in Würfel geschnitten

1 Prise Salz

260 g Mehl, zweimal gesiebt

8 Eier

FÜR DIE FÜLLUNG

600 g Crème double

2 EL Puderzucker

1 TL gemahlene Bourbon-Vanille

ZUM MONTIEREN UND DEKORIEREN

600 g Feinstzucker

essbare Blumen, wie Jasminblüten

4 Backbleche, mit Backpapier oder Silikonmatten belegt

2 Spritzbeutel mit runder Tülle

1 großer Bogen dünner Karton

Klebeband

Für 20 Portionen

Butter, 600 ml Wasser und Salz in einem großen Topf kurz aufkochen lassen, bis die Butter geschmolzen ist. Dann den Topf vom Herd nehmen und sofort das gesamte Mehl hinzufügen. Den Teig mit einem Kochlöffel sehr kräftig schlagen, bis sich ein Kloß bildet. Topf zurück auf den Herd stellen und unter Rühren maximal eine Minute erhitzen, bis sich der Teig vom Topfrand löst. 5 Minuten abkühlen lassen.

In einer separaten Schüssel die Eier verquirlen. Nach und nach mit einem Kochlöffel unter den Brandteig ziehen und kräftig weiterschlagen. Die Mischung trennt sich zunächst etwas, durch das Schlagen verbinden sich die Zutaten jedoch schnell wieder. Der Teig ist fertig, wenn er glänzt und in langen Spitzen vom Löffel fällt.

Backofen auf 200 °C vorheizen. Brandteig in den Spritzbeutel füllen und etwa 80 Teighäufchen auf die Bleche spritzen. Etwas Wasser auf den Backofenboden sprühen, damit sich Dampf entwickelt. Die Windbeutel auf dem ersten Blech 10 Minuten backen, dann die Hitze auf 180 °C reduzieren und 10–15 Minuten weiterbacken, bis sie knusprig sind. Auf diese Weise alle Windbeutel backen. (Wenn man alle gleichzeitig bäckt, brauchen die unteren länger, bis sie gar sind.)

In die noch heißen Windbeutel unten sofort eine kleine Öffnung mit einem scharfen Messer schneiden, damit der Dampf entweichen kann.

Für die Füllung Crème double, Puderzucker und Vanille steif schlagen. Creme in den zweiten Spritzbeutel geben und jeden Windbeutel damit füllen. Das Kartonstück für einen etwa 40 cm hohen Kegel mit einem Basisdurchmesser von 18 cm zuschneiden und formen. Den Kegel an den Stoßkanten mit Klebeband fixieren und auf einen Tortenständer stellen.

Zucker bei mittlerer Hitze, am besten verteilt auf zwei Töpfe, schmelzen lassen. Nicht rühren! Den Topf jeweils nur schwenken, damit der Zucker nicht anbrennt, aber karamellisiert. Vorsicht, der Zucker ist heiß und kann spritzen! Die Windbeutel mit einer Küchenzange in den warmen Karamell tauchen und dann rund um die Kegelbasis anordnen. Auf diese Weise alle Windbeutel am Kegel schichtweise nach oben befestigen. Den Zucker zwischendurch erwärmen, falls er fest wird. Wenn der Turm aufgebaut ist, eine Gabel in den restlichen Zucker tauchen und damit dünne Zuckerfäden über den Kegel ziehen.

Die Brandteigpyramide am besten sofort servieren.

Schoko-Guinness-Kuchen

Bier und Schokolade – eine ungewöhnliche Kombination: Das irische Guinness verleiht diesem Kuchen einen leicht herben Geschmack und bildet ein perfektes Pendant zum süßen Überzug. Mit viel Kakao, Schokolade und Schoko-Chips wird der Kuchen zur Attraktion jeder Geburtstagsfeier.

FÜR DEN TEIG

250 g weiche Butter

250 g Rohrohrzucker

½ TL gemahlene Bourbon-Vanille

2 Eier

100 g Zartbitterschokolade, geschmolzen

280 g Mehl, gesiebt

3 TL Backpulver

50 g ungezuckertes Kakaopulver, gesiebt, und etwas zum Bestäuben

250 ml Guinness oder Stout (Dunkelbier)

150 g Sauerrahm

100 g weiße Schoko-Chips

FÜR DEN ÜBERZUG

300 g Puderzucker, gesiebt

1 EL weiche Butter

2 EL Mascarpone

etwas Milch (nach Bedarf)

1 Napfkuchenform (25 cm Durchmesser), gefettet

Für 10 Portionen

Den Backofen auf 180 °C vorheizen.

Butter und Zucker cremig schlagen. Vanille und Eier dazugeben und Teig schaumig schlagen. Schokolade, Mehl, Backpulver, Kakaopulver, Bier und Sauerrahm hinzufügen und alles gut vermengen. Die Schoko-Chips untermischen. Den Teig in die Form füllen und 30–40 Minuten backen, bis er auf sanften Druck nicht mehr nachgibt. Oder die Garprobe machen: dazu ein Holzstäbchen in die Teigmitte stechen. Haftet nichts am Stäbchen, ist der Kuchen gar. Vollständig in der Form abkühlen lassen, dann vorsichtig auf ein Kuchengitter stürzen.

Für den Überzug Puderzucker, Butter und Mascarpone zu einer glatten, dicken Masse schlagen. Etwas Milch unterrühren, falls die Konsistenz zu fest ist.

Den Kuchen auf eine Platte setzen und mit dem Überzug bestreichen. Etwas Kakao darüberstäuben.

Kühl gestellt und in einem luftdicht verschlossenen Behältnis lässt sich der Kuchen bis zu 2 Tage aufbewahren.

Jahreszeiten

Zitronen-Lavendel-Törtchen

Die kleinen Hochstapler sehen mit ihren farblich abgestuften lila Böden und kandierten Lavendelblüten unwiderstehlich aus. Mit zwei köstlichen Füllungen – aromatisiert mit Lavendel und Zitrone – sind sie die Attraktion bei einer Sommer-Teeparty.

ZUM KANDIEREN DER BLÜTEN

1 Eiweiß

10 Lavendelblütenzweige

Feinstzucker

abgeriebene Schale von 3 unbehandelten Zitronen

1 Grundteig aus 6 Eiern (Rezept siehe Seite 9)

lila Lebensmittelfarbgel

ZUM BETRÄUFELN

Saft von 5 Zitronen

1 TL essbare Lavendelblüten

2 EL Puderzucker

3 EL Lemon Curd (Zitronencreme, Fertigprodukt)

FÜR DIE ZITRONENCREME

350 g Puderzucker, gesiebt

1 EL Frischkäse

15 g weiche Butter

Saft von 1 Zitrone

1 Backpinsel

1 Backblech

3 Springformen (20 cm Durchmesser), mit Backpapier belegt

1 Ausstecher (6,5 cm Durchmesser)

1 Spritzbeutel mit kleiner, runder Tülle

Für 10 Stück

Als Erstes die Blüten kandieren, da sie über Nacht trocknen müssen. Dazu das Eiweiß schaumig schlagen. Masse mithilfe des Pinsels auf die Blüten streichen und diese anschließend mit Zucker bestreuen. Blüten auf dem Backblech an einem warmen Ort über Nacht trocknen lassen. Bis zur Weiterverwendung luftdicht verschlossen aufbewahren.

Den Backofen auf 180 °C vorheizen.

Die Zitronenschale gründlich unter den Teig mischen. Ein Drittel der Masse in eine Backform füllen. Den restlichen Teig zartlila färben. Die Hälfte des Teiges in die zweite Backform geben. Den übrigen Teig dunkellila einfärben und die dritte Form damit befüllen. Kuchenböden 25–30 Minuten backen, bis sie auf sanften Druck nicht mehr nachgeben. Oder die Garprobe machen: dazu ein Holzstäbchen in die Teigmitte stechen. Haftet nichts am Stäbchen, ist der Kuchen gar. Böden in den Formen abkühlen lassen.

Zitronensaft, Lavendel und Puderzucker in einem kleinen Topf bei mittlerer Hitze aufkochen lassen. 1 Esslöffel der Flüssigkeit mit Lemon Curd vermischen, beiseitestellen. Die restliche Flüssigkeit über die Böden träufeln und alles abkühlen lassen.

Böden aus den Formen nehmen, nacheinander auf ein Schneidbrett legen und mit dem Ausstecher jeweils 5 Scheiben ausschneiden. (Die Teigreste können zu Bröseln zerkleinert, eingefroren und für die Herstellung von Cake Pops verwendet werden.) Scheiben quer halbieren, sodass von jeder Farbe 10, insgesamt also 30 Scheiben entstehen.

Für die Creme Puderzucker (etwas zum Bestäuben übrig lassen), Frischkäse, Butter und Zitronensaft zu einer glatten Masse schlagen.

Die Creme in einen Spritzbeutel füllen und auf die 10 dunkellila Kuchenscheiben spritzen. Dann 1 Teelöffel Lemon Curd auf jeder Scheibe verstreichen und je eine zartlila Scheibe darauflegen. Die Arbeitsschritte mit Creme und Lemon Curd wiederholen. Den Abschluss bildet eine ungefärbte Kuchenscheibe. Diese mit Puderzucker bestäuben und mit kandierten Lavendelblüten dekorieren. Die Lavendelblüten sind essbar, die Zweige jedoch nicht!

Die Törtchen lassen sich kühl gestellt und luftdicht verschlossen bis zu 3 Tage aufbewahren, sollten jedoch am besten am Tag der Zubereitung serviert werden.

Ingwer-Mascarpone-Torte

Ringelblumen lassen mit ihren kräftig leuchtenden Blüten jedes Gebäck erstrahlen. Der einfache Kuchen besteht aus einem aromatischen Karotten-Ingwer-Teig und hat eine sahnige Füllung aus Mascarponecreme, die auf der Zunge zergeht.

2 TL gemahlener Ingwer

6 Stücke Ingwer in Sirup und 3 EL Sirup extra

3 große Karotten, geraspelt

1 Grundteig aus 6 Eiern (Rezept siehe Seite 9)

FÜR DIE MASCARPONECREME

125 g Mascarpone

450 g Puderzucker, gesiebt

50 g weiche Butter

3–4 EL Milch (nach Bedarf)

Puderzucker, zum Bestäuben

essbare Ringelblumenblüten, zum Dekorieren

2 quadratische Backformen (20 x 20 cm und 25 x 25 cm), gefettet und mit Backpapier belegt

1 Spritzbeutel mit großer, runder Tülle

Für 18 Portionen

Den Backofen auf 180 °C vorheizen.

Gemahlenen und eingelegten Ingwer, Sirup und Karotten unter den Teig mischen. Etwa zwei Drittel in die große, den Rest in die kleinere Form füllen, sodass die Kuchenböden gleich hoch werden. 30–40 Minuten backen, bis der Teig auf sanften Druck nicht mehr nachgibt. Oder die Garprobe machen: dazu ein Holzstäbchen in die Teigmitte stechen. Haftet nichts am Stäbchen, ist der Kuchen gar. Da die Backzeit für den kleineren Boden etwas kürzer ist als für den größeren, muss er gegen Ende der Backzeit regelmäßig kontrolliert werden. Kuchen jeweils kurz in den Formen und dann auf einem Kuchengitter abkühlen lassen.

Für die Füllung Mascarpone, Puderzucker, Butter und Milch zu einer glatten, dicken Creme schlagen. Die Creme in den Spritzbeutel füllen.

Die Böden mit einem langen Sägemesser quer halbieren. Die untere Hälfte des großen Bodens auf eine Kuchenplatte setzen und die Creme entlang des Randes spritzen. Dann eine dünne Cremeschicht innerhalb der aufgespritzten Randlinie verteilen. Die obere große Kuchenhälfte darauflegen und mit Puderzucker bestäuben. Etwas Creme oben in die Mitte spritzen und die untere Hälfte des kleinen Bodens darauflegen. Dann wie beim großen Boden Creme verteilen. Zum Schluss die kleine, obere Hälfte daraufsetzen und mit Puderzucker bestäuben.

Die Torte mit Ringelblumen dekorieren. Die Blütenblätter sind essbar, jedoch nicht die Stiele oder sonstige grüne Teile. Sie sollten vor dem Anschneiden der Torte entfernt werden.

Kühl gestellt und luftdicht verschlossen lässt sich die Torte bis zu 3 Tage aufbewahren, sollte aber am besten am Tag der Zubereitung serviert werden.

Rhabarbertorte mit Vanillecreme

Rhabarber-Vanille-Konfekt gehörte zu den Favoriten meiner Kindheit. Es hat mich zu dieser Torte inspiriert. Eine köstliche Versuchung – mit feiner Vanillecreme und Rhabarber gefüllt und mit rosa Rhabarberfäden dekoriert.

FÜR DIE RHABARBERFÄDEN

2 Stangen Rhabarber

rosa Lebensmittelfarbe

frisch gepresster Saft von 1 Zitrone

1 EL Feinstzucker

600 g Rhabarber (vorzugsweise rosafarben), geschält und in 3 cm lange Stücke geschnitten

80 g Feinstzucker

1 TL gemahlene Bourbon-Vanille

½ TL gemahlene Bourbon-Vanille

1 Grundteig aus 4 Eiern (Rezept siehe Seite 9)

FÜR DIE VANILLECREME

200 g Crème double

3 EL Vanillepudding (Fertigprodukt)

1 TL gemahlene Bourbon-Vanille

Puderzucker, zum Bestäuben

1 Pendelschäler

1 Backblech, mit Backpapier oder Silikonmatte belegt

2 Springformen (20 cm Durchmesser), gefettet und mit Backpapier belegt

Für 10 Portionen

Als Erstes die Rhabarberfäden vorbereiten, da sie über Nacht trocknen müssen. Dazu die Enden der Rhabarberstangen abschneiden und mit dem Schäler lange, dünne Fäden abziehen. In einen großen Topf geben, mit Wasser bedecken und einige Tropfen Lebensmittelfarbe, Zitronensaft und Zucker dazugeben. 2–3 Minuten köcheln lassen, bis die Fäden weich sind. Auf das Backblech legen und zu Spiralen drehen. Über Nacht an einem warmen Ort trocknen lassen. Danach sollten die Rhabarberfäden knackig sein, sie zerbrechen allerdings leicht. Bis zum Servieren luftdicht verschlossen aufbewahren.

Den Backofen auf 180 °C vorheizen. Rhabarberstücke, Zucker, 1 Esslöffel Wasser und Vanille in eine Auflaufform geben, 20–25 Minuten im Ofen weich garen. Form aus dem Ofen nehmen und abkühlen lassen. Backofentemperatur beibehalten.

Die Vanille und die Hälfte des gegarten Rhabarbers vorsichtig unter den Teig mischen. Den Teig gleichmäßig auf die Kuchenformen verteilen und 25–30 Minuten backen, bis er auf sanften Druck nicht mehr nachgibt. Oder die Garprobe machen: dazu ein Holzstäbchen in die Teigmitte stechen. Haftet nichts am Stäbchen, ist der Kuchen gar. Kurz in den Formen abkühlen lassen, dann auf ein Kuchengitter stürzen.

Für die Füllung Crème double, Vanillepudding und Vanille cremig schlagen.

Einen Boden auf eine Kuchenplatte legen und die Creme darauf verstreichen. Den übrigen Rhabarber (Garflüssigkeit vorher abgießen) darauf verteilen. Den zweiten Boden darauflegen, etwas Puderzucker darüberstäuben und die Torte mit den Rhabarberfäden dekorieren.

Torte bis zum Verzehr kühl stellen, am besten am Tag der Zubereitung servieren. Sie lässt sich bis zu 2 Tage im Kühlschrank aufbewahren.

Schoko-Kastanien-Torte

Ich liebe den unverwechselbaren Geschmack von Esskastanien. Leider werden sie viel zu selten zum Backen verwendet. Diese Torte besteht aus Schoko-, Kastanien- und Vanilleteigschichten, einer Füllung aus Kastaniencreme und einem Überzug aus glänzender Ganache und ganzen kandierten Kastanien. Diese gelten als Konfekt und haben einen entsprechenden Preis, doch der Aufwand lohnt sich. Ebenso wie das Kastanienpüree erhält man sie im Feinkostgeschäft oder im Onlineshop.

1 Grundteig aus 6 Eiern (Rezept siehe Seite 9)

40 g ungezuckertes Kakaopulver, gesiebt

80 g Kastanienpüree

½ TL gemahlene Bourbon-Vanille

FÜR DIE GANACHE

60 g Crème double

200 g Zartbitterschokolade

15 g Butter

1 EL Zuckerrübensirup

FÜR DIE KASTANIENCREME

250 g Puderzucker, gesiebt

1 EL weiche Butter

150 g Kastanienpüree

70 g Frischkäse

etwas Milch (nach Bedarf)

10 kandierte Kastanien (marrons glacés)

100 g Zartbitterschokolade, geschmolzen

3 Springformen (20 cm Durchmesser), gefettet und mit Backpapier belegt

Für 12 Portionen

Den Backofen auf 180 °C vorheizen.

Den Teig gleichmäßig auf 3 Schüsseln verteilen. Drei Viertel des Kakaos unter ein Teigdrittel mischen. Kastanienpüree und restlichen Kakao unter das zweite Teigdrittel rühren und das letzte Drittel mit Vanille aromatisieren. Jeden Teig in eine Kuchenform füllen. Kuchen 25–30 Minuten backen, bis sie auf sanften Druck nicht mehr nachgeben. Oder die Garprobe machen: dazu ein Holzstäbchen in die Teigmitte stechen. Haftet nichts am Stäbchen, sind die Kuchen gar. Kurz in den Formen und dann auf einem Kuchengitter abkühlen lassen.

Für die Ganache Crème double, Schokolade, Butter und Sirup in eine Schüssel geben und diese in einen Topf mit leicht kochendem Wasser stellen. Rühren, bis die Schokolade geschmolzen und eine glatte, glänzende Creme entstanden ist. Leicht abkühlen lassen.

Für die Kastaniencreme Puderzucker, Butter, Kastanienpüree und Frischkäse cremig schlagen. Etwas Milch dazugeben, falls die Konsistenz zu fest ist.

Jeden Boden quer halbieren und in abwechselnden Farben (Schokolade, Kastanie und Vanille, zweimal) auf eine Kuchenplatte oder einen Tortenständer schichten. Zwischen die Lagen jeweils etwas Kastaniencreme und Ganache streichen.

Die restliche Ganache auf der Torte verteilen. Die Hälfte der kandierten Kastanien in die geschmolzene Schokolade tauchen und abwechselnd mit den anderen ringförmig auf der Torte anordnen. Dafür sollte die Ganache bereits gut abgekühlt sein.

Die Torte lässt sich kühl gestellt in einem luftdicht verschlossenen Behältnis bis zu 2 Tage aufbewahren.

Brombeer-Apfeltorte mit Buttercreme

Leuchtend pinkfarbene Rosen und dunkel schimmernde Brombeeren verleihen der schlichten Torte ein nostalgisches Flair. Die Kuchenböden werden abwechselnd mit einer Zimt-Buttercreme-Füllung und Apfelmus übereinandergeschichtet. Die Torte ist ideal geeignet für die Erntezeit, wenn Äpfel und Brombeeren reif sind.

FÜR DAS APFELMUS

5 Äpfel

50 g Feinstzucker

15 g Butter

2 TL gemahlener Zimt

4 Äpfel, geschält und gerieben

1 Grundteig aus 6 Eiern (Rezept siehe Seite 9)

FÜR DIE BUTTERCREME

450 g Puderzucker, gesiebt, und etwas zum Bestäuben

100 g weiche Butter

1 TL gemahlener Zimt

3–4 EL Milch (nach Bedarf)

200 g Brombeeren

essbare Rosen, zum Dekorieren

2 Springformen (23 cm Durchmesser), gefettet und mit Backpapier belegt

Für 16 Portionen

Als Erstes das Apfelmus vorbereiten, da es vor der Weiterverwendung abkühlen muss. Äpfel schälen, Kerngehäuse entfernen und die Früchte in kleine Stücke schneiden. Zusammen mit Zucker und 60 ml Wasser in einen Topf geben und bei geringer Hitze weich köcheln lassen. Butter hinzufügen. Mus zum Abkühlen beiseitestellen.

Den Backofen auf 180 °C vorheizen.

Zimt und geriebene Äpfel unter den Teig mischen und diesen gleichmäßig auf die Kuchenformen verteilen. 30–40 Minuten backen, bis der Kuchen auf sanften Druck nicht mehr nachgibt. Oder die Garprobe machen: dazu ein Holzstäbchen in die Teigmitte stechen. Haftet nichts am Stäbchen, ist der Kuchen gar. Kurz in der Form abkühlen lassen, dann auf ein Kuchengitter stürzen.

Für die Füllung Puderzucker, Butter und Zimt cremig schlagen. Etwas Milch hinzufügen, falls die Creme zu fest ist.

Die Böden mit einem langen Sägemesser quer halbieren. Eine Hälfte auf eine Kuchenplatte setzen und mit Buttercreme und einem Drittel Apfelmus bestreichen. Die nächste Kuchenhälfte darauflegen und auf diese Weise alle Böden und das Mus verarbeiten. Die restliche Buttercreme auf der Torte verteilen und mit etwas Puderzucker bestäuben. Die Torte kurz vor dem Servieren mit Brombeeren und Rosen garnieren. Die Rosen vor dem Anschneiden der Torte entfernen; sie dienen nur als Dekoration.

Die Torte lässt sich kühl gestellt und luftdicht verschlossen bis zu 3 Tage aufbewahren, sollte aber am besten am Tag der Zubereitung verzehrt werden.

Kürbistorte

Der Grundteig, mit Ingwer, Zimt und anderen Gewürzen verfeinert, wird durch das Kürbispüree wunderbar saftig. Ein Kürbiskern-Krokant sorgt bei dieser herbstlich gestalteten Torte für einen höchst kunstvollen Effekt.

250 g Kürbispüree (Fertigprodukt oder selbst gemacht)

½ TL gemahlene Bourbon-Vanille

1 TL Apfelkuchengewürz

1 TL gemahlener Ingwer

1 TL gemahlener Zimt

1 Prise gemahlene Nelken

1 Grundteig aus 6 Eiern (Rezept siehe Seite 9)

FÜR DIE DEKORATION

100 g Feinstzucker

1 EL Kürbiskerne

FÜR DIE CREME

350 g Puderzucker, gesiebt

1 EL Frischkäse

1 EL weiche Butter

etwas Milch (nach Bedarf)

FÜR DIE GANACHE

60 g Crème double

200 g Zartbitterschokolade

15 g Butter

1 EL Zuckerrübensirup

2 Springformen (23 cm Durchmesser), gefettet und mit Backpapier belegt

1 Backblech, mit Silikonmatte oder Backpapier belegt

Für 14 Portionen

Den Backofen auf 180 °C vorheizen.

Kürbispüree, Vanille und Gewürze unter den Teig mischen und diesen gleichmäßig auf die Backformen verteilen. 30–40 Minuten backen, bis der Kuchen auf sanften Druck nicht mehr nachgibt. Oder die Garprobe machen: dazu ein Holzstäbchen in die Teigmitte stechen. Haftet nichts am Stäbchen, ist der Kuchen gar. Kurz in den Formen und dann auf einem Kuchengitter abkühlen lassen.

Für die Dekoration den Zucker in einem kleinen Topf bei geringer Hitze erwärmen, bis er schmilzt und sich goldbraun färbt. Nicht umrühren, sondern den Topf nur schwenken. Vorsicht: Der Karamell kann sehr schnell anbrennen! Die Kürbiskerne auf dem Backblech verteilen und mit der Karamellmasse übergießen. Abkühlen und fest werden lassen, dann in Stücke brechen.

Für die Creme Puderzucker, Frischkäse und Butter cremig schlagen. Etwas Milch dazugeben, falls die Masse zu fest ist.

Für die Ganache Crème double, Schokolade, Butter und Sirup in eine Schüssel geben und diese in einen Topf mit leicht kochendem Wasser stellen. Rühren, bis die Schokolade geschmolzen und eine glänzende Masse entstanden ist. Creme aus dem Wasserbad nehmen und kurz abkühlen lassen.

Einen Boden auf eine Kuchenplatte setzen. Die Creme mit einer Streichpalette oder einem Metallteigschaber darauf verteilen. Den zweiten Boden darauflegen.

Die Torte mithilfe einer Streichpalette oder eines Metallteigschabers mit der Ganache bestreichen und kurz vor dem Servieren mit dem Krokant verzieren.

Kühl gestellt und luftdicht verschlossen lässt sich die Torte bis zu 3 Tage aufbewahren, sollte aber am besten am Tag der Zubereitung verzehrt werden.

Haselnusstorte

Ich serviere die Torte gern beim Erntedankfest in unserem Dorf. Die nussige Creme und die Deko aus karamellisierten Haselnüssen finden dabei immer großen Anklang. Statt Haselnüssen kann man auch Pekan- oder Walnüsse verwenden.

2 EL Haselnussmus oder Erdnussbutter

1 Grundteig aus 4 Eiern (Rezept siehe Seite 9)

50 g geröstete Haselnüsse, gehackt

FÜR DIE HASELNUSSCREME

1 EL Haselnussmus oder Haselnussaufstrich

250 g Puderzucker, gesiebt

15 g weiche Butter

etwas Milch (nach Bedarf)

FÜR DIE KARAMELLISIERTEN HASELNÜSSE

100 g Feinstzucker

14 ganze Haselnüsse

1 Springform (18 cm Durchmesser), gefettet und mit Backpapier belegt

14 Holzspieße

1 Backblech, mit Silikonmatte oder Backpapier belegt

1 Spritzbeutel mit großer, runder Tülle

Für 8 Portionen

Den Backofen auf 180 °C vorheizen.

Zuerst das Haselnussmus unter den Teig mischen, dann die gehackten Haselnüsse. Teig in die Kuchenform füllen und 40–50 Minuten backen, bis er auf sanften Druck nicht mehr nachgibt. Oder die Garprobe machen: dazu ein Holzstäbchen in die Teigmitte stechen. Haftet nichts am Stäbchen, ist der Kuchen gar. Kurz in der Form abkühlen lassen und zum Auskühlen auf ein Kuchengitter stürzen.

Für die Creme Haselnussmus, Puderzucker und Butter zu einer cremigen Masse schlagen. Milch dazugeben, falls die Creme zu fest ist.

Für die karamellisierten Nüsse den Zucker in einem Topf bei geringer Hitze langsam erwärmen, bis er schmilzt und sich goldbraun färbt. Nicht umrühren, sondern den Topf nur schwenken. Vorsicht: Der Karamell kann sehr schnell anbrennen! Den Topf vom Herd nehmen und kurz abkühlen lassen.

Einen Holzspieß in jede Nuss stecken. Nüsse nacheinander in die Karamellmasse tauchen und so herausziehen, dass sich ein langer Faden an der Nuss bildet. Den Spieß kurz nach unten halten, bis der Karamell fest wird. Zum vollständigen Abkühlen und Aushärten auf das Backblech legen. Arbeitsschritte mit den übrigen Nüssen wiederholen. (Am besten macht man das zu zweit: Der eine taucht die Nüsse in den Karamell, solange er noch warm ist, der andere hält die Fäden zum Trocknen.) Wenn der Karamell zu fest wird, den Topf kurz auf den Herd zurückstellen. Karamell wird klebrig, wenn er längere Zeit der Luft ausgesetzt ist. Um ein optimales Ergebnis zu erzielen, sollten die Nüsse deshalb erst kurz vor dem Servieren karamellisiert werden.

Die Creme in den Spritzbeutel füllen. Den Tortenboden mit einem langen Sägemesser quer halbieren und die untere Hälfte auf eine Kuchenplatte legen. Eine Schicht Creme daraufspritzen und die andere Kuchenhälfte darauflegen. Kleine Cemetupfen auf die Torte spritzen und diese mit einem Ring aus karamellisierten Haselnüssen dekorieren.

Die Torte (ohne Haselnussdekoration) lässt sich kühl gestellt und in einem luftdichten Behältnis bis zu 3 Tage aufbewahren.

Mokka-Walnuss-Torte

Diese Torte habe ich zum Vatertag gebacken; mein Vater liebt Kaffee und Walnüsse. Sie wird mit einer glänzenden Mokkaglasur überzogen und mit karamellisierten Walnüssen dekoriert. Die perfekte Torte für spezielle Festtage! Kaffeesalz, in gut sortierten Feinkostläden und Online erhältlich, verleiht ihr noch mehr Aroma.

100 g Walnusshälften oder -stücke

1 TL Instantkaffee

1 EL Espresso

1 Prise Kaffeesalz (oder Meersalz)

1 Grundteig aus 6 Eiern (Rezept siehe Seite 9)

FÜR DIE KARAMELLISIERTEN WALNÜSSE

100 g Feinstzucker

100 g Walnusshälften oder -stücke

FÜR DIE FÜLLUNG

500 g Crème double

FÜR DIE MOKKAGLASUR

200 g Puderzucker

1 TL Espresso

1 TL Instantkaffee

2 Springformen (23 cm Durchmesser), gefettet und mit Backpapier belegt

1 Backblech, mit Silikonmatte oder Backpapier belegt

1 Spritzbeutel mit großer Sterntülle

Für 12 Portionen

Den Backofen auf 180 °C vorheizen.

Die Walnüsse fein mahlen. Zusammen mit Instantkaffee, Espresso und Kaffesalz unter den Teig rühren und diesen gleichmäßig auf die Backformen verteilen.

Kuchen 25–30 Minuten backen, bis sie auf sanften Druck nicht mehr nachgeben. Oder die Garprobe machen: dazu ein Holzstäbchen in die Teigmitte stechen. Haftet nichts am Stäbchen, sind die Kuchen gar. Kurz in den Formen abkühlen lassen, dann auf ein Gitter stürzen.

Für die karamellisierten Walnüsse den Zucker in einem Topf bei geringer Hitze langsam erwärmen, bis er schmilzt und sich goldbraun färbt. Nicht umrühren, sondern den Topf nur schwenken. Vorsicht: Der Karamell kann schnell anbrennen! Dann die Walnüsse auf das Backblech legen: Etwa 10 Walnüsse mit kleinen Abständen dazwischen, die übrigen dicht nebeneinander auflegen. Etwas Karamellmasse über die getrennt liegenden Nüsse träufeln – sie dienen als Dekoration. Den Karamellrest über den anderen Nüssen verteilen und abkühlen lassen. Diese Portion zerbrechen und dann fein mahlen.

Für die Füllung Crème double schlagen und die gemahlenen Nüsse unterziehen. Creme in den Spritzbeutel füllen.

Mit einem langen Sägemesser die Böden quer halbieren. Eine Hälfte auf eine Kuchenplatte setzen und eine Lage Walnusscreme daraufspritzen. Eine zweite Hälfte darauflegen und wieder Creme darauf verteilen. Auf diese Weise alle Böden aufeinanderschichten.

Für die Glasur Puderzucker, Espresso und Instantkaffee zu einer glatten, glänzenden Masse verrühren. Die Glasur mit einer Streichpalette oder einem Metallteigschaber auf der Torte verstreichen. Die karamellisierten Walnüsse ringförmig darauf anordnen.

Torte bis zum Verzehr kühl stellen, am besten am Tag der Zubereitung servieren. Sie lässt sich bis zu 2 Tage im Kühlschrank aufbewahren.

Weihnachtskuchen mit Streuseln

Zu Weihnachten dürfen auch die Kuchen gern üppiger ausfallen. Doch es müssen keine Marzipan- und Zuckergussschichten sein: Dieser Kuchen hat einen einfachen Belag aus Streuseln – und der Puderzucker dient als Kunstschnee.

250 g Zitronat und Orangeat, gemischt
150 g Sultaninen
100 g Mandelblättchen, geröstet
250 ml Rum
100 ml Cointreau

225 g weiche Butter
120 g Rohrohrzucker und 1 EL extra
120 g Feinstzucker und 1 EL extra
4 Eier
280 g Mehl, gesiebt
3 TL Backpulver
1 TL Apfelkuchengewürz
1 TL gemahlener Ingwer
1 TL gemahlener Zimt

FÜR DIE STREUSEL
115 g Mehl
1 TL Backpulver
60 g Feinstzucker
1 TL gemahlener Zimt
60 g Butter
Puderzucker, zum Bestäuben

grüne Zweige zum Dekorieren

1 Springform (23 cm Durchmesser), mit Backpapier belegt

Für 10 Portionen

Zitronat und Orangeat, Sultaninen und Mandelblättchen in einer Schüssel vermengen und Rum und Cointreau hinzugießen. Schüssel abdecken und das Ganze einige Stunden ziehen lassen.

Den Backofen auf 180 °C vorheizen.

Butter und die beiden Zuckersorten cremig schlagen. Nach und nach die Eier unterrühren. Mehl, Backpulver, Gewürze und die Rum-Mischung gründlich unterheben. Den Teig in die Form füllen und etwa 1 Stunde backen, währenddessen die Streusel vorbereiten.

Dafür Mehl, Backpulver, Zucker und Zimt in einer großen Schüssel mischen. Butter hinzufügen und Masse mit den Händen verreiben, bis sich große Klümpchen bilden. Nach einer Stunde Backzeit den Kuchen herausnehmen, die Streusel auf dem Kuchen verteilen und 15–30 Minuten weiterbacken. Dann die Garprobe machen: dazu ein Holzstäbchen in die Teigmitte stechen. Wenn nichts am Stäbchen haftet und der Belag goldbraun ist, ist der Kuchen gar. Kurz in der Form abkühlen lassen, dann auf ein Gitter stürzen.

Den Kuchen vollständig auskühlen lassen und auf einen Servierteller setzen. Mit einer kräftigen Schicht Puderzucker bestäuben. Die Zweige dekorativ auf Kuchen und Teller anordnen.

In einem luftdicht verschließbaren Behältnis lässt sich der Kuchen bis zu 5 Tage aufbewahren.

Register

Danksagung

Dank an alle beim Verlag RPS, die an dieses schöne Projekt geglaubt haben – besonders an Cindy und Julia für den Buchauftrag, an Kate Eddison für die geduldige Redaktion, an Leslie Harrington, Art Directorin, und Lauren Wright, den All-Round-Star. Steve Painter und Lucy McKelvie, ihr habt es wieder geschafft – dank eurer künstlerischen Gestaltung und fantastischen Fotos ist es mein absolutes Lieblingsbuch geworden. Ihr habt wunderbar mit meinen Rezepten gearbeitet. Meinen besten Dank an alle von der Agentur HHB für die kontinuierliche Unterstützung. An Gareth, Amy, Bowen und Hunter – obwohl ihr meilenweit entfernt seid, habt ihr tolle Rezeptinspirationen geliefert. Ich danke euch dafür. Herzlichen Dank auch an meine Eltern, sowie Mike und Liz für all ihre Liebe und Unterstützung beim Schreiben dieses Buches. Dank auch an Kathy und Simon Brown für all ihre Inspirationen zu essbaren Blumen. Meinen Dank an all jene, die so freundlich waren, die Kuchen zu probieren und zu beurteilen: Jane, Geoff, David, Lucy, Poppy, Jemima, Emma, Michael, Joy, Barry, Familie Bates, Pauline, Miles, Jess, Josh, Rosie, Maren, Justina, Margaret, Pam, Tena. Und alle bei Amphenol, besonders zu erwähnen die Mitglieder von WOAC, die die meisten Kuchen für dieses Buch testeten – Russ, Charlotte, Dan, Stuart, Simon, Stuart, Tommy, Bob, Keith, Vernon, Katie, Little John, John, Chris, Deanna, Imogen, Amber, Oli, Pete, Pat und Eric – tausend Dank.